CATALOGUE

DES

GRAVURES CONTEMPORAINES

FORMANT LA

COLLECTION ARDAIL

PAR

Georges RIAT

Sous-Bibliothécaire au Département des Estampes

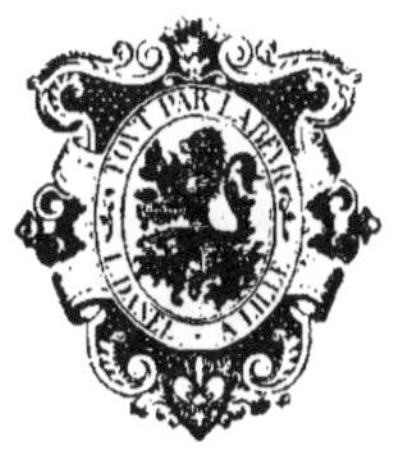

PARIS

GEORGES RAPILLY,

Marchand d'Estampes de la Bibliothèque Nationale

Librairie de l'École Nationale des Beaux-Arts

9, Quai Malaquais, 9

1904

CATALOGUE

DE LA

COLLECTION ARDAIL

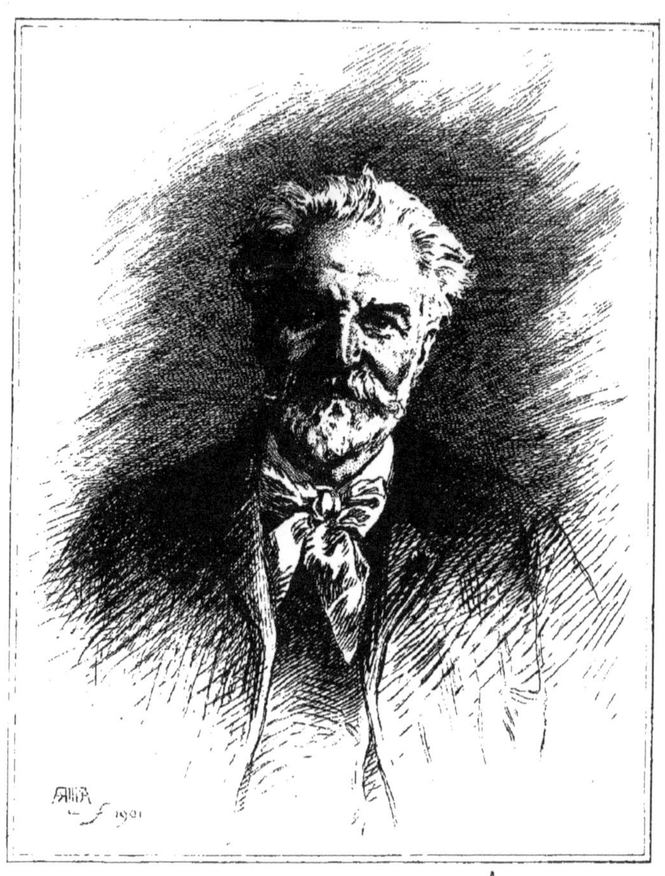
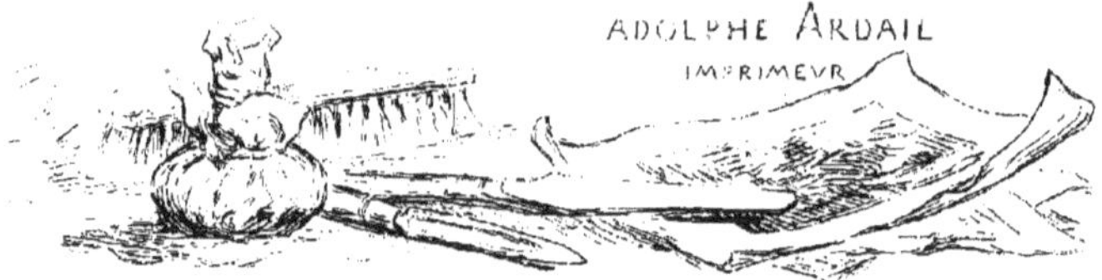
ADOLPHE ARDAIL
IMPRIMEUR

CATALOGUE

DES

GRAVURES CONTEMPORAINES

FORMANT LA

COLLECTION ARDAIL

PAR

Georges RIAT

Sous-Bibliothécaire au Département des Estampes

PARIS

GEORGES RAPILLY,

Marchand d'Estampes de la Bibliothèque Nationale

Librairie de l'École Nationale des Beaux-Arts

9, Quai Malaquais, 9

1904

PRÉFACE

ADOLPHE ARDAIL

Le Cabinet des Estampes a contracté une grosse dette de reconnaissance envers Ardail; il plaît au conservateur de dire avec quel désintéressement, quelle belle insouciance artiste, un très modeste, en somme, un ouvrier d'art, a voulu que sa rare collection d'œuvres modernes restât à son pays. Il ne manque pas d'amateurs en France et à l'étranger qui eussent volontiers acquis cette réunion unique de pièces et d'états splendides; des offres avaient été formulées; mais, par un joli scrupule d'honnête homme, Ardail avait constamment refusé, estimant que ces estampes, offertes par les artistes à leur dévoué collaborateur, signées et souvent accompagnées de dédicaces flatteuses, ne devaient pas s'égarer. Alors, tout en se défendant de donner purement et simplement les dix-sept cent cinquante-trois épreuves composant son trésor, tout en invoquant le ridicule qu'il y aurait, pour un artisan peu riche, à jouer au Mécène, il a mis ses prétentions à un taux si réduit que la vente devenait un don simulé. Il eut un beau geste, lorsque, vraiment impressionné par son dédain de l'argent, je m'excusais d'accepter, au nom de l'État, un présent de cette importance : « Cela vaut mieux ainsi, dit-il; prenez-les, elles seront mieux chez vous ! »

Mieux certes qu'ils n'eussent été en Amérique ou en Allemagne. Les signataires des *états*, Meissonier, Bracquemond, Achille et

Jules Jacquet, Waltner, etc., ceux d'autrefois et ceux d'aujourd'hui, sont ses amis, et leurs témoignages écrits d'amitié et de considération, souvenirs de leur collaboration régulière, eussent été là-bas singulièrement dépaysés. Au Cabinet des Estampes, au contraire, ces mots d'amitié, honorant un nom ami, sont dans un sanctuaire de souvenirs. Il en sera plus tard de ces dédicaces, comme des notules ironiques d'un Saint-Aubin, ou des hautaines remarques d'un Ingres : elles écriront l'histoire de toute une période d'art ; elles seront, à la fois, à l'honneur de ceux qui les ont signées et de celui à qui elles sont adressées. Bien mieux, elles diront en détail ce que fut cette maison d'impression, où une communion entre l'artiste et l'ouvrier s'était établie si étroite que le second s'élevait jusqu'à, lui-même, toucher à l'art et à devenir le collaborateur indispensable.

Et comme cette carrière d'artiste-imprimeur fut sereine et noble ! Vers 1860, la maison Chardon avait deux ouvriers ; l'un, Salmon, aux épreuves ; l'autre, Ardail, plus jeune, à la presse. Les graveurs saisissent la nuance ; c'est celle qu'il y a entre le praticien complet et l'opérateur, déjà habile, mais moins arrivé. En 1864, Salmon s'établit. Il reprenait une imprimerie, née sous la Convention, et créée par un nommé Rémond, qui l'avait conduite jusqu'en 1830. Depuis 1830, c'était Rémond fils qui dirigeait l'affaire, et lorsque, après trente-quatre ans, il la cédait à son tour, personne mieux que Salmon ne pouvait l'élever et la grandir. Salmon appela Ardail chez lui. Celui-ci était son second *copain*, et dans la langue d'alors, le copain était le compagnon de peine, le véritable coadjuteur. En 1864, on était encore aux tirages de tailles-douces *nature*, à l'impression sèche, revêche, un peu froide, sans nulle tentative de sauce ni de jus, sans encrages savamment oubliés. Les taille-douciers imprimaient simplement et naïvement, « comme on cirait des bottes ». Mais, déjà, perçait la fantaisie de l'eau-forte, certains besoins de rehauts, de soutiens, de *retroussis* à la mode rembranesque, lorsque, par un simple artifice d'encrage, Lepic obtenait, de la même planche, un paysage neigeux ou un effet de nuit. Pour ces recherches nouvelles, des praticiens nouveaux naquirent. Ardail, qui dessinait dans le particulier, qui aquarellait même, s'intéressa aux essais ; il comprit très vite ce que l'épreuve obtenait de velouté, de puissant, par certaines subtilités d'encrage ; entre les artistes et lui s'établit naturellement l'intimité qui lie le créateur au metteur en œuvre, et c'est de cette fraternité de travail qu'est née l'admirable collection, aujourd'hui conservée au Département des Estampes de la Bibliothèque nationale.

Je manquerais à la justice si j'omettais ici le nom d'Alfred Porcabeuf, qui a devancé Ardail, et qui, depuis plusieurs années, enrichit périodiquement notre dépôt national des épreuves les plus rares. Alfred Porcabeuf est le petit-fils de Salmon ; il est aujourd'hui le chef de la maison, plus que centenaire, fondée par Rémond en 1793. Justement frappé de ce fait que le dépôt légal, tel qu'il fonctionne aujourd'hui, sans nulle sanction, sans moyen d'atteindre ni de contraindre le déposant, manque le plus souvent le but proposé, qui est l'enrichissement de nos collections, Alfred Porcabeuf, sans manquer aux obligations de cette formalité, en s'astreignant au contraire à la remplir avec une ponctualité rare, enchérit encore par un don volontaire d'états de planches, de tirages soignés, de morceaux exceptionnels ; ils seront plus tard ce que sont aujourd'hui les épreuves avant lettre déposées par les héritiers de Moreau le jeune, ou l'incomparable œuvre de Saint-Aubin, venu de son atelier. Ce que la collection d'Ardail ne nous a point fourni, Porcabeuf y supplée gracieusement, avec une générosité et une persistance qu'il convient de louer ici. Le catalogue de ces deux collections (1), que vient de terminer, si rapidement, M. Georges Rial, du Département des Estampes, constituera, pour les futurs historiens de la gravure au XIXe siècle, une des sources les plus précieuses, sinon la plus complète. Car, chez l'un et chez l'autre, chez Ardail comme chez Porcabeuf, tout n'a point été admis également, une distinction a été faite ; ce qu'on rencontre dans les deux œuvres, c'est une sélection attentive, avertie, comme un choix en vue du Cabinet des Estampes. Ardail eût, dès le principe, réservé son petit

---

(1) Le Catalogue de la collection Porcabeuf paraîtra prochainement en un fascicule séparé.

trésor pour l'État, qu'il ne l'eût point voulu autre ; quant à Porcabœuf, opérant au jour le jour, c'est avec une profonde connaissance de nos désirs et de nos besoins qu'il dirige ses choix. Depuis l'illustre abbé de Marolles, au XVIIe siècle, depuis le généreux Michel Hennin, au XIXe siècle, le Cabinet de Paris n'avait point connu d'enrichissement aussi utile, disons mieux, aussi indispensable. Alors que les musées étrangers amassent avec passion l'œuvre de nos maîtres, et guettent la pièce rare, nous en étions réduits souvent aux ordinaires médiocrités du dépôt légal, sans beaucoup d'espoir de jamais pouvoir faire mieux.

Le Conservateur du Cabinet des Estampes,
Membre de l'Institut,
Henri BOUCHOT.

AVERTISSEMENT

Les gravures ont été classées par ordre alphabétique des noms de graveurs.

Le tableau ci-dessous, pris comme type, présente le cadre de classement adopté pour les œuvres d'un même graveur.

CADRE DE CLASSEMENT

A. GRAVURES ORIGINALES .... *Par dates,*
Ou, à défaut, par ordre alphabétique du premier mot du titre (à l'exception de l'article).

B. GRAVURES DE REPRODUCTION. *Par ordre alphabétique du* NOM DE L'ARTISTE, *dont l'œuvre a été reproduite;*
Et par dates de la gravure, ou, à défaut, de l'œuvre reproduite, ou, à défaut encore, par ordre alphabétique du titre, s'il y a plusieurs gravures d'après le même artiste.

C. GRAVURES D'ILLUSTRATION ... *1° Gravures originales (d'après les dessins du graveur).*
2° Gravures de reproduction, par ordre alphabétique du NOM DE L'ARTISTE, *et, s'il y a plusieurs illustrations d'après le même artiste, par dates d'édition, ou, à défaut, par ordre alphabétique du titre de l'ouvrage.*

Nous avons mentionné, autant qu'il a été possible, les états des planches, les remarques intéressantes par les portraits ou par les signatures, qu'elles présentent, enfin les particularités de tout genre, qui sont de nature à fournir quelque documentation aux historiens de la gravure. Le plus grand nombre de ces gravures ayant été signées et dédiées par les artistes, il nous a paru que l'indiquer chaque fois aurait été encombrer nos descriptions sans utilité appréciable.

Enfin, pour simplifier les recherches, nous n'avons établi qu'un index général, lequel contient, rangées par ordre alphabétique dans chaque lettre, quatre tables particulières sous les rubriques : ARTISTES, ILLUSTRATIONS, PORTRAITS, TOPOGRAPHIE, qui, se complétant l'une l'autre, et même se suppléant à l'occasion, rendront peut-être tous les services que nous voudrions.

Qu'il nous soit permis, au moment d'achever ce catalogue, d'adresser tous nos meilleurs remerciements aux personnes, qui ont bien voulu faciliter nos recherches, et, en particulier, à MM. Albert Ardail, fils du donateur et graveur, et Alfred Porcabeuf, chef de l'imprimerie d'où sont sorties toutes ces planches, dont beaucoup comptent, à bon droit, parmi les chefs-d'œuvre de la gravure contemporaine.

22 Janvier 1904.

GEORGES RIAT.

CATALOGUE

DE

GRAVURES CONTEMPORAINES

COLLECTION ARDAIL

A

ABRAHAM (Tancrède).

1. *Source de Kergourck (Finistère)*, d'après Tancrède
   Abraham. Eau-forte. [Ad. 158. fol. 1].

ANNEDOUCHE (Alfred).

2. *Conseils de l'amour*, d'après **Bouguereau**. Burin.
   [Ad. 173. fol. 1].

3. *Innocence*, d'après **Bouguereau**. Burin. [fol. 2].

4. *Innocence*, d'après **Bouguereau**. Burin. [Ad. 181. fol. 1].

APOL (Louis).

5. *Effet de neige sous bois*, d'après **Mauve**. Eau-forte (1875).
   [fol. 2].

ARDAIL (Albert).

6. *Portrait du colonel Henri Babin de Grandmaison*, d'après
   A. **Ardail**. Eau-forte (1892). [Ad. 158. fol. 2].

7. *Portrait du Président Carnot*, d'après A. **Ardail**. Eau-forte
   (1889). [fol. 3].

8. *Profil de E. Mercadier*, d'après A. **Ardail**. Eau-forte.
   [fol. 4].

9. *Portrait de M. le Comte Moritz de Holtzendorff*, d'après
   A. **Ardail**. Eau-forte (1894). [Ad. 173. fol. 3].

ARDAIL (*suite*).

10. *Portrait de Madame Persil*, d'après A. **Ardail**. Eau-forte (1899). [Ad. 158. fol. 5].

11. *Les Deux sœurs*, d'après une miniature de la collection Thiers. Eau-forte (1898). [fol. 6].

12. *La Muse Erato*, d'après le panneau peint par **Boucher** pour Mme de Pompadour. Eau-forte. [fol. 7].

13. *Joyeux ébats*, d'après Paul **Chabas** (1899). Eau-forte. [fol. 8].

14. *Awakening (L'éveil)*, d'après W. **Dendy-Sadler**. Eau-forte (1901). [Ad. 173. fol. 4].

15. *Promenade sous bois*, d'après François **Flameng**. Eau-forte (1894). [fol. 5].

16. *Portrait de jeune fille*, d'après G. **Flinck** (1691). Eau-forte. [Ad. 158. fol. 9].

17. *L'Inspiration*, d'après **Fragonard**. Eau-forte (1898). [fol. 10].

18. *École primaire en Bretagne*, d'après **Geoffroy** (1896). Eau-forte (1896). [fol. 11].

19. *Orpheline*, d'après **Henner**. Eau-forte (1886). Remarque : *Portrait d'Henner*. [fol. 12].

20. *Birds of ea Feathers (oiseaux de même plumage)*, d'après **Hughes** (1892). Eau-forte (1892). [Ad. 173. fol. 6].

21. *Fête donnée à l'Hôtel-de-ville en l'honneur des souverains russes*, d'après **Loir Luigi**. Eau-forte (1897). [Ad. 158. fol. 13].

22. *L'Empereur Napoléon*, d'après **Meissonier** (1863). Eau-forte (1896). [Ad. 173. fol. 7].

23. *Portrait de Madame Jarre*, d'après **Prud'hon**. Eau-forte (1885). [Ad. 158. fol. 14].

24. *Portrait de famille*, d'après **Rembrandt**. Eau-forte (1886). [fol. 15].

25. *Buste de Falguière*, d'après **Rodin**. Eau-forte. [fol. 16].

26. *Portrait de Puvis de Chavannes*, d'après **Rodin**. Eau-forte. [fol. 17].

27. *L'Ex-voto*, d'après Henri **Royer**. Eau-forte (1898). [fol. 18].

28. *Portrait de Madame la Marquise de Beauvoir*, d'après
E. Toudouze. Eau-forte (1891).   [Ad. 158. fol. 19].

ARENDZEN (P.-J.).

29. *Portrait d'homme, aetatis suae 26, a° 1624*, d'après
Franz **Hals** (Ancienne Galerie Pourtalès). Eau-forte.
[Ad. 173. fol. 8].

30. *Portrait d'homme*, d'après Franz **Hals**. Eau-forte.
[fol. 9].

31. *Portrait d'une jeune femme tenant un éventail, et debout
derrière une fenêtre*, d'après **Rembrandt** (1641) ;
(Buckingham Palace, Londres). Eau-forte.   [fol. 10].

32. *Portrait d'Elisabeth Jacobsd' Bas*, veuve de l'amiral
Jochem Hendricksz Swartenhont, d'après **Rembrandt**
(Ryksmuseum d'Amsterdam). Eau-forte.   [fol. 11].

33. *Portrait de Jan Six, dit le Bourgmestre*, d'après
Rembrandt (Collection Six, à Amsterdam). Remarque :
Deux vers du poète Vondel. Eau-forte.   [fol. 12].

34. *Portrait d'Anna Wymer, la mère du bourgmestre Six*,
d'après **Rembrandt** (1641); (Collection Six, à Amsterdam). Remarque : *Deux vers du poète Vondel.* Eau-forte.
[fol. 13].

AVRIL (Paul).

35. *L'Age de l'innocence*, d'après **Reynolds**. Eau-forte.
[Ad. 158. fol. 20].

B

BEAUVAIS (A.).

36. *Paysage*, d'après **Vayson**. Eau-forte.   [fol. 21].

BICHARD (Adolphe-Alphonse **Géry**).

37. *Portrait de Chardin*, d'après **Chardin** (1771), pour l'*Art*
(1882). Eau-forte.   [fol. 22].

38. *Portrait du chanoine Döllinger*, d'après **Lenbach**, pour
l'*Art* (1879). Eau-forte.   [fol. 23].

BICHARD (*suite*).

39-52. Eaux-fortes, d'après **Bichard**, pour l'illustration de :
Scènes de la Bohême, par Henri Mürger ; Paris, édition
de la Société des amis des Livres, 1878 ; in-8°.
[**Ad.** 158. du fol. 24 au fol. 37].

1-2. *Frontispice avec portrait de Mürger. 2 exemplaires.*
3. *Pendant dix minutes, Alexandre entretint la jeune fille*
4. *Monsieur, répondit la fille, qui arriva avec une assiette à la
main, il n'y en a plus.*
5. *Un soir, en traversant le boulevard, Marcel aperçut à quelques pas
de lui une jeune dame, qui, en descendant de voiture...*
6. *Un jour, il déguisa sa fureur qui venait d'éclater, sous un
grand costume d'apparat.*
7. *Colline, qui était de la fête, fermait la marche, portant les
ombrelles de ces dames.*
8. *Marcel aperçut sa maîtresse qui profitait chaque nuit de son
sommeil pour arroser les fleurs.*
9. *Ah ! voilà mes fleurs, s'écria Mimi avec le sourire du désir satisfait.*
10. *En un mot, je viens pour vous acheter votre passage de la mer Rouge.*
11. *Mimi buvait de tous les vins dans tous les verres.*
12. *Rodolphe avait allumé du charbon, et faisait revenir du lard dans
du beurre frémissant.*
13. *J'ai fait arrêter la voiture, et, pendant une demi-heure, j'ai causé
avec Marcel devant tout Paris.*
14. *Rodolphe assit la jeune Mimi sur ses genoux, et lui appliqua sur
l'épaule un long et sonore baiser.*

53. Eau-forte, d'après **Bichard**, pour l'illustration de : *Entre
deux paravents, scènes et comédies en vers, par Paul
Célières ;* Paris, Bibliothèque du Magasin des Demoiselles,
Hennuyer, 1879 ; in-8°.   [fol. 38].
Frontispice.

54-59. Eaux-fortes, d'après **Bichard**, pour l'illustration de : *Les
Contes de Voisenon, édités par Octave Uzanne ;* Paris,
Quantin, 1880 ; in-8°.   [du fol. 39 au fol. 44].
1. *Frontispice.*
2. *Histoire de la Félicité.*
3. *Tant mieux pour elle.*
4. *Zulmis et Zelmaïde.*
5. *Ni trop, ni trop peu.*
6. *La Navette d'amour.*

BIDA (Alexandre).

60. *Portrait de mon ami Edmond Hédouin,* d'après **Bida**.
Eau-forte.   [fol. 45].

61. Eau-forte, d'après **Bida**, pour l'illustration de : *L'Œuvre de Fromentin*.   [Ad. 158. fol. 46].
Le Portrait de Fromentin.

62. Eau-forte, d'après **Bida**, pour l'illustration de : *Les Saints Evangiles*; Paris, Hachette, 1873; 2 vol. in-fol. [fol. 47].
La Mère et le nouveau-né.

63-64. Eau-forte, d'après **Bida**, pour l'illustration de : l'*Histoire de Tobie ;* Paris, Hachette, 1880; in-fol.   [fol. 48 et 49].
S'étant donc levés tous deux, ils prioient Dieu avec grande instance ;
2 états.

65-87. Eaux-fortes, d'après **Bida**, pour l'illustration de: *Aucassin et Nicolette, chante-fable du douzième siècle ;* Paris, Hachette, 1878; in-8°.   [du fol. 50 au fol. 60].
1-2. Titre ; 2 états.
3-4. Conversation d'Aucassin et de son père ; 2 états.
5-6. Aucassin s'arme pour la bataille ; 2 états.
7-8. Le Pèlerin et Nicolette ; 2 états.
9. Nicolette dans la forêt.
10-11. Nicolette et les bergers ; 2 états.
12-14. Aucassin descend de cheval avec sa mie ; 3 états.
15-17. Nicolette au château de Beaucaire ; 3 états.
18-19. Aucassin retrouve Nicolette ; 2 états.
20-23. 2 planches inédites, en dehors de la série, la première à 3 états.

BILLY (Charles-Bernard de).

88. *Faneuse*, d'après Emile **Adan**. Eau-forte. [Ad. 173. fol. 14].

BODMER (Karl).

89-91. Eaux-fortes, d'après **Bida**, pour l'illustration de : *Les Saints Évangiles*; Paris, Hachette, 1873; 2 vol. in-fol.
[Ad. 158. du fol. 61 au fol. 63].
1. La Fuite de Loth.
2. Le Bon Samaritain.
3. La Trahison de Judas.

92. Eau-forte, d'après **Bida**, pour l'illustration de : *L'Histoire de Joseph ;* Paris, Hachette, 1878 ; in-fol.   [fol. 64].
Et je l'enterrai sur le chemin d'Ephrata.

BOILOT (Alfred).

93. *Paysage*, d'après **Barillot**. Eau-forte.   [fol. 65].

BOILVIN (Emile).

94. *Jeune fille nue sur le bord d'une rivière*, d'après **Boilvin**. Eau-forte.   [Ad. 159. fol. 1]

95. *Portrait d'Hédouin*, d'après **Boilvin**. Eau-forte. [fol. 2].

BOILVIN *(suite)*.

96. *Aminte et Sylvie*, d'après une tapisserie des Gobelins dessinée par **Boucher**. Eau-forte. Dernière planche du graveur, non terminée.   [Ad. 159. fol. 3].

97. *Vespertina quies*, d'après **Burne-Jones**. Eau-forte.
    [Ad. 173. fol. 15].

98. *La Cène*, d'après **Dagnan-Bouveret**. Eau-forte. [fol. 16].

99. *Le Christ au jardin des Oliviers*, d'après **Dagnan-Bouveret**. Eau-forte.   [fol. 17].

100. *Portrait de vieille dame*, d'après Carolus **Duran** (1888).
    [fol. 18].

101-102. *Les Bibliophiles*, d'après **Fortuny** (1870). Eau-forte (1883). 2 états.   [fol. 19 et 20].

103. *Moreau et son chef d'état-major Dessolles, avant Hohenlinden*, d'après **Meissonier** (1876). Eau-forte. [fol. 21].

104. Eau-forte, d'après **Boilvin**, pour l'illustration de : *Manon Lescaut ;* Paris, Jouaust, 1874 ; in-16. [Ad. 159. fol. 4].
    Portrait d'Edmond Hédouin.

105-108. Eaux-fortes, d'après **Boilvin**, pour l'illustration de : *L'Amour au XVIIIe siècle, par MM. de Goncourt ;* Paris, Dentu, in-12.   [du fol. 5 au fol. 8].
    1. *Frontispice.*
    2-3. *Tête de page, 2 états.*
    4. *Cul-de-lampe.*

109-121. Eaux-fortes, d'après **Boilvin**, pour l'illustration de : *Mme Bovary, par Gustave Flaubert ;* Paris, Lemerre, 1875 ; in-12.   [du fol. 9 au fol. 15].
    1. *Frontispice.*
    2-3. *Le Proviseur et le nouveau ; 2 états.*
    4-5. *L'Auberge du « Lion d'Or » ; 2 états.*
    6-7. *M. Rodolphe et Mme Bovary à cheval : 2 états.*
    8-9. *M. Binet dans son tonneau ; 2 états.*
    10-11. *Mme Bovary à l'hôtel ; 2 états.*
    12-13. *M. Bournisien et M. Homais veillant Mme Bovary ; 2 états.*

122-142. Eaux-fortes, d'après **Boilvin**, pour l'illustration de : *Les Cinq livres de F. Rabelais, publiés avec des variantes et un glossaire par P. Chéron ;* Paris, librairie des Bibliophiles, 1876 ; 5 vol. in-16.   [du fol. 16 au fol. 26].
    Deux états de chaque planche (sauf du portrait), avant la lettre, le 2e avec la signature.

1. *Portrait de Rabelais.*
2-3. *L'Education de Gargantua.*
4-5. *Gargantua au château du Gué de Vède.*
6-7. *Rencontre de Panurge.*
8-9. *Discussion entre Panurge et Thaumaste.*
10-11. *Panurge mange son blé en herbe.*
12-13. *Songe de Panurge.*
14-15. *Les Moutons de Dindenault.*
16-17. *Pantagruel chez les Papimanes.*
18-19. *Le Tribunal de Grippe-Minault.*
20-21. *Panurge devant la Dive Bouteille.*

143-146. Eaux-fortes, d'après **Boilvin**, pour l'illustration de : *Entre deux paravents, par Paul Célières;* Paris, Hennuyer, 1879 ; in-8°.

[**Ad.** 159. du fol. 27 au fol. 29].

1-2. *Chacun pour soi ;* scène VIII ; 2 états.
3. *Le Voisin Géronte ;* scène I.
4. *L'Elixir d'Arlequin ;* scène II.

147-166. Eaux-fortes, d'après **Boilvin**, pour l'illustration de : *Œuvres de François Coppée. Poésies,* 1864-1872 ; Paris, Lemerre, 1883 ; in-4°.   [du fol. 30 au fol. 49].

1-2. *Tête de page ;* 2 états.
3-4. *La Trêve ;* 2 états.
5-6. *Le Fils des armures ;* 2 états.
7-8. *Intimités ;* 2 états.
9-10. *Le Banc,* idylle parisienne ; 2 états.
11-12. *La Grève des forgerons ;* 2 états.
13-14. *La Nourrice ;* 2 états.
15-16. *Lettre d'un mobile breton ;* 2 états.
17-18. *Pêcheur sous un pont ;* 2 états.
19-20. *Cul-de-lampe ;* 2 états.

167-170. Eaux-fortes, d'après **Bida**, pour l'illustration de : *Le Livre de Ruth ;* Paris, Hachette, 1876 ; in-fol.

[du fol. 50 au fol. 53].

1. Cul-de-lampe : *Anier.*
2. Cul-de-lampe : *Deux cavaliers.*
3. Cul-de-lampe : *Chamelier.*
4. *Orpha baisa sa belle-mère et s'en retourna ; mais Ruth s'attacha à Noémi sans la vouloir quitter.*

171-172. Eaux-fortes, d'après **Bida**, pour l'illustration de : *L'Histoire de Joseph ;* Paris, Hachette, 1878 ; in-fol.

[fol. 54 et 55].

1. *Joseph lui dit : Voici l'interprétation de votre songe.*
2. *Et il dit à ses frères : Je suis Joseph.*

BOILVIN (*suite*).

173. Eau-forte, d'après **Bida**, pour l'illustration de : *L'Histoire d'Esther;* Paris, Hachette, 1882; in-fol. [Ad. 159. fol. 56].
Aman s'était jeté sur le lit où était Esther.

174-191. Eaux-fortes, d'après **Bida**, pour l'illustration de : *Le Cantique des Cantiques, traduit de l'hébreu par Ernest Renan :* Paris, Hachette, 1886 ; in-fol.
[du fol. 57 au fol. 74].

1. *Frontispice : Mon bien-aimé est à moi, et je suis à lui.*
2. *Qu'il me baise d'un baiser de sa bouche !*
3. *Je suis noire, mais je suis belle.*
4. *Va te remettre à la suite de ton troupeau et faire paître tes chèvres.*
5. *A ma cavale, je te compare, o mon amie.*
6. *Je vous en prie, filles de Jérusalem, ne réveillez pas la bien-aimée.*
7. *Il m'a introduite dans le cellier.*
8. *Levons-nous, me suis-je dit, cherchons celui que mon cœur aime.*
9. *Je l'ai saisi, et ne l'ai point lâché, jusqu'à ce que je l'aie introduit dans la maison de ma mère.*
10. *Sortez, et voyez, filles de Sion, le roi Salomon avec sa couronne dont sa mère l'a couronné.*
11. *Que mon bien-aimé entre dans son jardin, et qu'il mange de ses beaux fruits.*
12. *Mon bien-aimé qui fait paître son troupeau au milieu des lis.*
13. *Tu es belle, mon amie...*
14. *Je te ferai boire le vin aromatisé, le jus de mes grenades.*
15. *Mets-moi maintenant comme un sceau sur ton cœur.*
16. *Quelle est celle-ci, qui s'élève du désert, appuyée sur son bien-aimé?*
17. *Que ferons-nous à notre sœur, le jour où on la recherchera?*
18. *Nous avons une petite sœur.*

192-197. Eaux-fortes, d'après **Boucher**, pour l'illustration de : *Les Œuvres de Molière, avec notes et variantes, par Alphonse Pauly :* Paris, Lemerre ; 8 vol. in-32.
[du fol. 75 au fol. 80].

1. *Frontispice.*
2. *L'Étourdi.*
3. *Les Plaisirs de l'isle enchantée.*
4. *L'Amour peintre.*
5. *Amphitryon.*
6. *Les Amants magnifiques.*

198-203. Eaux-fortes, d'après **Prudhon**, pour l'illustration de : *Daphnis et Chloé ;* Paris, Lemerre, 1872 ; vol. in-32.
[du fol. 81 au fol. 86].

1. *Le Chévrier ;* 1re fois pour l'éd. in-4°, Didot, 1800.
2. *Le Bain ;* (d'après le dessin de la coll. Ambroise Didot) : (Exp. Prudhon, 1874, n° 507) ; 1re fois pour l'éd. in-18, Renouard, 1803.

3. *Le Bain ;* (d'après le dessin de la coll. de M. le baron Dejean) ;
1re fois pour l'éd. in-4°, *Didot,* 1800.

4. *La Cigale ;* (d'après le dessin de la coll. de M. Mahérault) ; 1re fois
pour l'éd. in-4°, *Lemerre,* 1872 ; in-32.

5. *La Cigale ;* (d'après le dessin de la coll. de M. Camille Marcille) ;
1re fois pour l'éd. in-4°, *Didot,* 1800.

6. *La Lutte ;* (d'après le dessin de la coll. du Musée d'Orléans) ; 1re fois
pour l'éd. in-32, *Lemerre,* 1872.

BOULARD (Auguste).

204. *Difference of opinion (Blanc et noir),* d'après **Alma
Tadema.** Eau-forte. [Ad. 173. fol. 22].

205. *Paysage,* d'après **Daubigny** (1865). Eau-forte (1891).
[fol. 23].

206. *Mon Ancien régiment,* d'après **Detaille.** Eau-forte (1885).
[fol. 24].

207. *Vive l'Empereur !,* d'après François **Flameng** (1896-1897).
Eau-forte. [Ad. 181. fol. 3].

208. *Watercrowfoot* (Les Nénuphars), d'après **Keeley-Hals-
welle** (1883). Eau-forte. [fol. 4].

209. *Le Dimanche à Poissy,* d'après **Meissonier.** Eau-forte.
[Ad. 173. fol. 25].

210. *Le Voyageur,* d'après **Meissonier.** Eau-forte. Remarque
de **Detaille,** eau-forte. [fol. 26].

211. *La Partie de piquet,* d'après **Meissonier** (1872), avec la
remarque de **Meissonier :** *Les hussards de la République.* [fol. 27].

212. *Dragon assis,* d'après **Meissonier** (1890). Eau-forte.
[fol. 28].

213. *The River road* (la Route de la rivière), d'après John **Murray**
(1892). Eau-forte. [fol. 29].

214. *Kennet and Avon,* d'après John **Murray** (1895). Eau-forte.
[fol. 30].

215. *Wolton Bridge,* d'après **Turner.** Eau-forte.
[Ad. 181. fol. 5].

BOUTELIÉ (Louis-Abdon).

216. *Le Rédempteur,* d'après **Goodall.** Burin.
[Ad. 173. fol. 31]

BRACQUEMOND (Félix).

217. *Portrait d'Alidor Delzant*, d'après **Bracquemond**. Eau-forte.   [Ad. 160. fol. 1].

218-225. *Portrait d'Edmond de Goncourt*, d'après **Bracquemond** (1882). Eau-forte ; 1e, 2e, 3e, 4e, 5e, 6e, 7e et 8e et dernier état.   [du fol. 2 au fol. 9].

226-227. *Le Président Carnot*, d'après **Bracquemond**. Eau-forte ; 2 états.   [Ad. 173. fol. 32 et 33].

228. *Le Vieux coq*, d'après **Bracquemond**. Eau-forte ; Premier état.   [Ad. 160. fol. 10].

229-230. *Boissy d'Anglas présidant la Convention, le 1er prairial an III*, d'après Eugène **Delacroix**. Eau-forte commandée par la ville de Paris ; 2 états.
[Ad. 173. fol. 34 et 35].

231-232. *La Rixe*, d'après **Meissonier** (1855). Eau-forte (1885) ; 1er et dernier état.   [Ad. 181. fol. 6 et 7].

233-234. *Partie perdue*, d'après **Meissonier** (1858). Eau-forte ; 2 états.   [Ad. 173. fol. 36 et 37].

235. *Automne (Femmes regardant passer un vol d'oies sauvages)*, d'après **Millet**. Eau-forte (1887) ; 1er état.
[fol. 38].

236-237. *Labor*, ou *Le Paysan à la houe*, d'après **Millet**. Eau-forte ; 1er et 4e état.   [fol. 39 et 40].

238-239. *La Leçon de tricot*, d'après **Millet**. Eau-forte (1883) ; 1er et 5e état.   [fol. 41 et 42].

240-241. *Le Nouveau-né*, d'après **Millet**. Eau-forte (1886) ; 1er et 6e état.   [fol. 43 et 44].

242. *Les Puiseuses d'eau*, d'après **Millet**. Eau-forte (1886) ; 8e état.   [fol. 45].

243-244. *Printemps (Femme donnant à manger à des oisons)*, d'après **Millet**. Eau-forte (1887) ; 1er et 8e état.
[fol. 46 et 47].

245-246. *David*, d'après Gustave **Moreau**. Eau-forte (1884) ; 1er et 5e état.   [Ad. 181. fol. 8 et 9].

247. *Le Soir*, d'après Théodore **Rousseau**. Eau-forte (1882).
[Ad. 173. fol. 48].

248-263. Eaux-fortes, d'après **Bracquemond**, pour l'illustration
de : *Œuvres de Rabelais* ; Paris, Lemerre, 1872 ;
in-8º. [**Ad.** 160. du fol. 11 au fol. 26].
 1. *Portrait de Rabelais.*
 2. *Adolescence de Gargantua.*
 3. *Jean des Entomeures.*
 4. *Harangue de Gallet à Picrochole.*
 5. *La Jument se laschant le ventre.*
 6. *Pantagruel rencontre Panurge.*
 7. *Panurge et l'Anglois qui arguoit par signes.*
 8. *Panurge amoureux de la haulte dame.*
 9. *Panurge mange son bled en herbe.*
 10. *Il prend conseil d'Epistémon.*
 11. *Le Juge Bridoye.*
 12. *Panurge fait noyer le marchand et ses moutons.*
 13. *La Tempête.*
 14. *Tout pour la trippe.*
 15. *Papegaux, cardingaux, évesgaux, monagaux.*
 16. *Grippeminaud, archiduc des chats-fourrés.*

264-277. Eaux-fortes, d'après **Bida**, pour l'illustration de :
Les Saints Évangiles ; Paris, Hachette, 1873 ; 2 vol. in-fol.
[du fol. 27 au fol. 40].
 1. *Le Départ pour l'Egypte.*
 2. *Vocation des pêcheurs.*
 3. *La Mère et les frères de Jésus.*
 4. *La Chananéenne.*
 5-6. *Madeleine et Marie au Tombeau : 2 états.*
 7. *Conseil des prêtres et des Hérodiens.*
 8. *Jésus guérit une femme.*
 9. *Guérison d'un jeune possédée.*
 10. *Jésus s'entretient avec les docteurs.*
 11. *Saint Jean au désert.*
 12. *Jésus en prières.*
 13. *Le Pharisien et le Publicain.*
 14. *Pierre va au-devant de Jésus.*

278-283. Eaux-fortes, d'après Gustave **Moreau**, pour l'illustration de : *Fables de La Fontaine* ; Paris, 1886 ;
in-fol. [du fol. 41 au fol. 46].
 1. *Le Singe et le chat ;* 4ᵉ état.
 2. *Le Songe d'un habitant du Mogol ;* 6ᵉ état.
 3. *Le Lion amoureux ;* 6ᵉ état.
 4. *La Discorde ;* 4ᵉ état.
 5. *L'Homme qui court après la fortune et celui qui l'attend dans
son lit ;* 4ᵉ état.
 6. *La Tête et la queue du serpent ;* 6ᵉ état.

BROWNE (Mme de Saux, dite Henriette).

284. *La Robe de Joseph*, d'après **Bida**. Eau-forte.
[Ad. 174. fol. 1].

285-286. Eaux-fortes, d'après **Bida**, pour l'illustration de : *Les Saints Évangiles;* Paris, Hachette, 1873 ; 2 vol. in-fol.
[Ad. 160. fol. 47 et 48].
1. *L'Anesse et l'ânon.*
2. *La Vocation de Saint-Mathieu.*

BRUNET-DEBAINES (Alfred).

287. *L'Église Saint-Pierre à Caen*, d'après **Brunet-Debaines**. Eau-forte.   [Ad. 174. fol. 2].

288. *La Fierte à Rouen*, d'après **Brunet-Debaines**. Eau-forte.   [fol. 3].

289. *Le Vieux moulin*, d'après **Brunet-Debaines**. Eau-forte.
[fol. 4].

290. *La Cathédrale de Salisbury*, d'après John **Constable**. (London, 1826). Eau-forte.   [Ad. 181. fol. 10].

291. *The Corn-field (Le Champ de blé)*, d'après **Constable**. Eau-forte.   [Ad. 174. fol. 5].

292. *The Valley Farm (la ferme de la vallée)*, d'après **Constable**. (National Gallery). Eau-forte.   [fol. 6].

293. *Les Bords de l'Oise*, d'après **Daubigny** (1866). [fol. 7].

294. *Paysage*, d'après Jules **Dupré**. Eau-forte.
[Ad. 181. fol. 11].

295. *Bonnie Scotland*, d'après **Mac-Whirter**. Eau-forte.
[Ad. 174. fol. 8].

296. *Venise*, d'après **Ziem** (Musée du Luxembourg). Eau-forte.   [fol. 9].

297. Eau-forte d'après **Bida**, pour l'illustration de : *l'Histoire de Joseph*; Paris, Hachette, 1878; in-fol. [Ad. 160. fol. 49].
Il y eut aussi des chariots et des cavaliers qui le suivirent.

BUHOT (Félix).

298-307. Eaux-fortes, d'après **Buhot**, pour l'illustration de : *Une Vieille maîtresse, par J. Barbey d'Aurevilly:* Paris, Lemerre, 1874 ; 2 vol. in-8°.   [du fol. 50 au fol. 59].
1. *Un Thé de douairières;* 1er état.
2. *I Promessi sposi;* 3e état.
3. *Les Adieux;* 3e état.

4. *Une Variété dans l'amour ;* 3e état.
5. *Caramba ! fit-elle ;* 3e état.
6. *Le Criard ;* 3e état.
7. *La Blanche Caroline ;* 3e état.
8. *Ryno et Hermangarde ;* 3e état.
9. *Le Bas-Hamet ;* 3e état.
10. *Le Tombeau du diable ;* 3e état.

308-319. Eaux-fortes, d'après **Buhot,** pour l'illustration de :
l'Ensorcelée, par J. Barbey d'Aurevilly ; Paris,
Lemerre, 1878 ; in-8°. [**Ad.** 160. du fol. 60 au fol. 65].
1-2. *Le Pâtre ;* 2e et 3e état.
3-4. *Un Chemin de perdition ;* 2e et 3e état.
5-6. *Elle venait lentement...* 1er et 2e état.
7-8. *Thomas le Hardouay ;* 2e et 3e état.
9-10. *La Vision ;* 2e et 3e état.
11-12. *L'Enterrement ;* 2e et 3e état.

320-329. Eaux-fortes, d'après **Buhot,** pour l'illustration de :
Le Chevalier Destouches, par J. Barbey d'Aurevilly ;
Paris, Lemerre, 1879 ; in-8°.
[du fol. 66 au fol. 70].
1-2. *Le bruit de deux sabots traînant :* 2e et 3e état.
3-4. *Le soir même, à la tombée, nous vîmes arriver sous des
déguisements d'hiver... une grande quantité de nos gens ;*
3e et 4e état.
5-6. *A cette lueur soudaine, un frisson de terreur :* 2e et 3e état.
7-8. *Je fis ce qu'on appelle un bon marché ;* 2e et 3e état.
9-10. *On allume les cierges pour les morts ;* 3e et 4e état.

330-336. Eaux-fortes, d'après **Buhot,** pour l'illustration de :
Lettres de mon moulin, par Alphonse Daudet ; Paris,
Lemerre, 1879 ; in-8°. [du fol. 71 au fol. 76].
1-2. *Titre : Lettres de mon moulin ;* 2e et 3e état.
3. *La Diligence de Beaucaire :* 3e état.
4-5. *Le Secret de maître Cornille :* 2e et 4e état.
6. *Le Curé de Cucugnan ;* 2e état
7. *Les Vieux ;* 2e état.

Cf. **RAJON** (Paul). — *Portrait de Barbey d'Aurevilly,*
marge de Félix **Buhot.** Eau-forte. [**Ad.** 172. fol. 1].

BURNEY (François-Eugène).

337. *Madone,* d'après Piero della **Francesca.** Eau-forte.
[**Ad.** 160. fol. 77].

338. *Suivante d'Esther,* d'après Filippino **Lippi.** Eau-forte
(1898). [fol. 78].

C

CHAIGNEAU (F.).

339. *Femme gardant ses moutons.* Eau-forte. [**Ad.** 174. fol. 10].

340. *Le Petit troupeau.* Eau-forte.   [fol. 11].

CHAMPOLLION (EUGÈNE-ANDRÉ).

341. *Portrait de Pasteur,* d'après **Champollion**. Eau-forte
(1897).   [fol. 12].

342. *Mauresque,* d'après Benjamin **Constant** (1885). Eau-
forte.   [**Ad.** 161. fol. 1].

343. *La Reddition de Huningue,* d'après **Detaille**. Eau-forte.
[fol. 2].

344. *La Femme hydropique,* d'après Gérard **Dow** (Musée du
Louvre). Eau-forte.   [**Ad.** 174. fol. 13].

345. *Le Choix du modèle,* d'après **Fortuny** (1874). Eau-
forte.   [fol. 14].

346. *Le Menuet,* d'après G. **Jacquet** (1880). Eau-forte (1883).
Première médaille du graveur.   [fol. 15].

347. *La Pavane,* d'après G. **Jacquet**. Eau-forte.   [fol. 16].

348. *La Toilette de la fiancée,* d'après Jules **Lefebvre**. Eau-
forte.   [fol. 17].

349. *Le Décavé,* d'après W.-Q. **Orchardson**. Eau-forte. [fol. 18].

350. *L'Embarquement pour Cythère,* d'après **Watteau**. Eau-
forte.   [**Ad.** 181. fol. 12].

351. *Partie champêtre,* d'après **Watteau** (Musée de Dresde).
Eau-forte (1888).   [**Ad.** 174. fol. 19].

352. *Sous la feuillée,* d'après **Watteau** (Musée de Dresde).
Eau-forte (1888).   [fol. 20].

353-356. Eaux-fortes, d'après Eugène **Giraud**, pour l'illustration
de : *Mademoiselle de Maupin, par Théophile Gautier ;*
Paris, Charpentier, 1878 ; in-32.
[Ad. 161. du fol. 3 au fol. 6].

1. *Rosette et d'Albert à cheval dans la forêt.*
2. *Rosette et Isabel évanouie.*
3. *Théodore blessé en duel Alcibiade, frère de Rosette.*
4. *D'Albert dans la chambre de Rosalinde.*

357-358. Eaux-fortes, d'après Bastien **Lepage**, pour l'illustration
de : *Le Docteur Herbeau, par Jules Sandeau ;* Paris,
Charpentier, 1877 ; in-32. [**Ad.** 161. fol. 7 et 8].
　1. *Le Docteur Herbeau à cheval.*
　2. *M. Riquemont s'arrêta, observa Louise et Sacenay, qui suivaient
　　doucement l'allée.*

CHAPLIN (CHARLES).

359. Eau-forte, d'après **Bida**, retouchée par **Hédouin**, pour
l'illustration de : *Les Saints Évangiles ;* Paris, Hachette,
1873 ; 2 vol. in-fol. [fol. 9].
Les Vierges folles.

CHAUVEL (THÉOPHILE).

360. *Le Lac,* d'après **Corot**. Eau-forte (1884).
[**Ad.** 174. fol. 21].

361. *Solitude,* d'après **Corot**. Eau-forte (1886) ; 7ᵉ état.
[fol. 22].

362. *Ville d'Avray,* d'après **Corot**. Eau-forte (1882).
[**Ad.** 181. fol. 13].

363. *Solitude,* d'après **Daubigny**. Eau-forte (1882) ; 7ᵉ état.
[fol. 14].

364. *Changing Pastures,* ou *Passage d'animaux sur un pont,
dans le Berry,* d'après Jules **Dupré**. Eau-forte (1880) ;
5ᵉ état. [**Ad.** 174. fol. 23].

365. *Evening Glow* (Lueur de crépuscule), d'après **Heffner**. Eau-
forte (1887) ; 7ᵉ état. [fol. 24].

366. *Banks of the Ivy O"* (Sur les bords de l'Ivy O"), d'après
Leader. Eau-forte (1884) ; 4ᵉ état. [fol. 25].

367. *Chemin mouillé,* d'après **Leader**. Eau-forte. [fol. 26].

368. *Fast falls the eventide* (Le Soir tombe brusquement), d'après
Leader. Eau-forte. [**Ad.** 181. fol. 15].

369. *February, Fille Dike* (Canal en février), d'après **Leader**.
Eau-forte (1885). [fol. 16].

370. *Stradford Lock* (Le Barrage de Stradford), d'après **Leader**.
Eau-forte (1888). Eau-forte. [**Ad.** 174. fol. 27].

371. *Sabrunas stream* (Le Ruisseau de Sabrunas), d'après
Leader. Eau-forte (1891) ; 1ᵉʳ état. [**Ad.** 181. fol. 17].

CHAUVEL (*suite*).

372. *Gambrias Coast* (La Côte de Gambrias), d'après **Leader**.
Eau-forte (1892) ; 5ᵉ état.   [**Ad**. 181. fol. 18].

373. *A Wet Roadside* (Le Chemin détrempé), d'après **Leader**.
Eau-forte (1896) ; 6ᵉ état.   [fol. 19].

374. *Worchester cathedral*, d'après **Leader**. Eau-forte (1896) ;
5ᵉ état.   fol. 20].

375. *Mead and Stream* (Marais et ruisseau), d'après **Leader**.
Eau-forte (1896) ; 6ᵉ état.   [fol. 21].

376. *A Severn Stream* (La Rivière Severn), d'après **Leader**.
Eau-forte (1897) ; 3ᵉ état.   [fol. 22].

377. *An Old manor Surrey House* (Le Vieux manoir en Surrey).
d'après **Leader**. Eau-forte (1898) ; 6ᵉ état.   [fol. 23].

378. *The Breezy Morn* (Brise du matin), d'après **Leader**.
Eau-forte (1899) ; 4ᵉ état.   [fol. 24].

379. *Lingering Autumn* (Languissant automne), d'après John-
Everett **Millais**. Eau-forte (1892) ; 4ᵉ état.   [fol. 25].

380. *L'Enigme*, d'après **Orchardson**. Eau-forte (1894) ; 12ᵉ état.
[fol. 26].

381. *Connais-tu le pays*, d'après Julius **Rolshoven**. Eau-forte
(1887).   [**Ad**. 174. 28].

382. *Autumn Leaves* (Feuilles d'automne), d'après **Vicat Cole**
(1886) ; 7ᵉ état.   [fol. 29].

383. *Summer Showers* (Averse d'été), d'après **Vicat Cole**
(1887) ; 3ᵉ état.   [fol. 30].

CHAUVEL (Madame Théophile).

384. *Skirts of a Surrey Pinewood* (Lisière d'un bois de pins
en Surrey), d'après **Leader**. Eau-forte.

[**Ad**. 174. fol. 31].

COURTRY (Charles).

385. *Le Marais*, d'après **Courtry**. Eau-forte.   [fol. 32].

386. *Entrez, Monseigneur !*, d'après José Jimenez **Aranda** (1886).
Eau-forte (1886).   [fol. 33].

387. *Lion*, d'après **Barye**. Eau-forte.   [**Ad**. 161. fol. 10].

388. *L'Homme au casque*, d'après **Bigand**. Eau-forte inédite, tirée à 12 épreuves (1868). 　 [Ad. 174. fol. 34].

389. *Portrait de Léon XIII*, d'après **Chartran** (1891). Eau-forte (1891). 　 [fol. 35].

390. *Au Bord de la mer*, d'après V. **Corcos**. Eau-forte. [fol. 36].

391. *Vierge à l'enfant*, d'après Mme **Demont-Breton**. Eau-forte. 　 [Ad. 161. fol. 11].

392. *Le Berger*, d'après Julien **Dupré**. Eau-forte. [Ad. 174. fol. 37].

393. *L'Étoile du berger*, d'après Ch. **Hermann-Léon**. Eau-forte. 　 [fol. 38].

394. *Le Loup dans la bergerie*, d'après Luis **Jimenez**. Eau-forte (1888). 　 [fol. 39].

395. *L'État-major autrichien devant le corps de Marceau*, d'après J.-P. **Laurens** (1877). Eau-forte. [fol. 40].

396. *La Forêt*, d'après van **Marcke**. Eau-forte. [fol. 41].

397. *Le Gué de Monthiers*, d'après van **Marcke**. Eau-forte. [fol. 42].

398. *La Corderie*, d'après van **Marcke** (1873). Eau-forte (1873). 　 [fol. 43].

399. *Le Moulin*, d'après van **Marcke** (1873). Eau-forte (1873). [fol. 44].

400. *Les Landes*, d'après van **Marcke**. Eau-forte (1874). [fol. 45].

401-402. *Paysage*, d'après van **Marcke**. Eau-forte (1875). 2 états. 　 [fol. 46 et 47].

403. *Le Marais*, d'après van **Marcke**. Eau-forte (1881). [fol. 48].

404. *Officier d'état-major en reconnaissance*, d'après **Meissonier**. Eau-forte (1890). 　 [fol. 49].

405-406. *Milton aveugle et ses filles*, d'après **Munkacsy** (1878). Eau-forte ; 2 états. 　 [fol. 50 et 51].

407. *La Visite à l'accouchée*, d'après **Munkacsy** (1879). Eau-forte (1881). 　 [fol. 52].

408. *La Main chaude*, d'après **Roybet** (1885). Eau-forte (1893). [fol. 53].

COURTRY (*suite*).

409. *L'Approche de l'orage*, d'après **Troyon**. Eau-forte.
[Ad. 174, fol. 54].

410. *La Lisière du bois*, d'après **Troyon**. Eau-forte (1875).
[fol. 55].

411. Eau-forte, d'après **Bida**, pour l'illustration de : *Le Livre de Ruth ;* Paris, Hachette, 1876; in-fol. [Ad. 161. fol. 12].
Elle vint tout doucement, et, ayant découvert sa couverture du côté des pieds, elle se coucha là.

412-413. Eaux-fortes, d'après **Bida**, pour l'illustration de : *L'Histoire de Joseph ;* Paris, Hachette, 1878 ; in-fol.
[fol. 13 et 14].
1. *Ils le vendirent cinq pièces d'argent aux Ismaélites, qui le menèrent en Égypte.*
2. *Cette femme, se voyant le manteau entre les mains, appela les gens de sa maison.*

414. Eau-forte, d'après **Bida**, pour l'illustration de : *L'Histoire de Tobie ;* Paris, Hachette, 1880 ; in-fol.   [fol. 15].
Et avoit grand soin d'ensevelir ceux qui étoient morts ou qui avoient été tués.

415. Eau-forte, d'après **Bida**, pour l'illustration de : *L'Histoire d'Esther ;* Paris, Hachette, 1882 ; in-fol.
[fol. 16].
Elle fut donc menée à la chambre du roi Assuérus.

416-421. Eaux-fortes pour l'illustration de : *Les Œuvres de Molière, avec notes et variantes, par Alphonse Pauly ;* Paris, Lemerre ; 8 vol. in-32.   [du fol. 17 au fol. 22].
1. *J.-B.-P. Molière.*
2. *L'École des maris,* d'après **Boucher**.
3. *La Princesse d'Élide,* d'après **Boucher**.
4. *Le Tartuffe,* d'après **Boucher**.
5. *La Comtesse d'Escarbagnas.*
6. *Le Malade imaginaire.*

422-429. Eaux-fortes pour l'illustration de : *Les Contes de la Fontaine ;* Paris, Lemerre, 1876 ; in-8°.
[du fol. 23 au fol. 30].
1. *Le Cocu battu et content,* d'après **Fragonard**.
2. *Le Mary confesseur,* d'après **Fragonard**.
3. *Le Calendrier des vieillards,* d'après **Fragonard**.
4. *La Coupe enchantée,* d'après **Fragonard**.
5. *Le Petit chien qui secoue de l'argent et des pierreries,* d'après **Lancret**.

6. *Le Magnifique*, d'après **Fragonard**.
7. *Les Rémois*, d'après **Lancret**.
8. *Le Curier*, d'après P. **Le Mesle**.

430-433. **Eaux-fortes**, d'après **Fromentin**, pour l'illustration de : *Sahara et Sahel, d'Eugène Fromentin*; Paris, Plon, 1879; vol. in-8°. [**Ad.** 161. du fol. 31 au fol. 34].

1. *Halte dans un* (sic) *oasis*, d'après le tableau de M. Georges Petit.
2. *Arabe portant un fou en croupe*, d'après le tableau de M. G. Errington.
3. *L'Audience du Khalifat*, d'après le tableau de M. Tabourier.
4. *Aniers et muletiers*, d'après le tableau de Mme la baronne Nathaniel de Rothschild.

D

DAKE (CAREL).

434. *Dutch Cavaller*, d'après Franz **Hals**. Eau-forte.
[**Ad.** 175. fol. 1].

DAMMAN (BENJAMIN).

435. *Le Rappel des Glaneuses*, d'après Jules **Breton**. (Courrières, 1859). Eau-forte. [**Ad.** 181. fol. 27].

436. *La Fenaison*, d'après **Lhermitte** (1887). Eau-forte.
[**Ad.** 175. fol. 2].

437. *Les Gardeuses de moutons*, d'après **Millet**. Eau-forte.
[fol. 3].

438. *La Femme au puits*, d'après **Millet**. Eau-forte. [fol. 4].

439. *La Femme au rouet*, d'après **Millet**. Eau-forte. [fol. 5].

440. *Les Glaneuses*, d'après **Millet**. Eau-forte. [fol. 6].

441. *La Petite bergère*, d'après **Millet**. Eau-forte. [fol. 7].

442. *La Naissance de la Vierge*, d'après **Murillo** (Louvre). Eau-forte. [**Ad.** 161. fol. 35].

DANGUIN (JEAN-BAPTISTE).

443. *Cornélie montrant ses enfants*, d'après J.-B. **Danguin**. Eau-forte. [fol. 36].

DAUMONT (EMILE).

444. *Le Printemps*, d'après **Daubigny** (Louvre). Eau-forte.
[**Ad.** 175. fol. 8].

DAUMONT (*suite*).

445. *Passage de gué*, d'après **J. Dupré**. Eau-forte.
[Ad. 161. fol. 37].

DAUTREY (Lucien).

446. *Fin de journée*, d'après **Millet**. En épigraphe : « *Il faut savoir faire servir le trivial à l'expression du sublime. C'est là la vraie force.* » Eau-forte. [Ad. 175. fol. 9].

447. *Bergère*, d'après P. **Vayson**. Eau-forte.   [fol. 10].

DEBLOIS (Charles-Alphonse).

448-449. Eaux-fortes, d'après **Bida**, pour l'illustration de : *Les Saints Evangiles ;* Paris, Hachette, 1873 ; in-fol.
[Ad. 161. fol. 38 et 39].
1. *Jésus Enfant.*
2. *Jésus tenté par le démon.*

DEBLOIS (Charles-Théodore).

450. *Interviewing their Member*, d'après Erskine **Nicol** (1879). Eau-forte et burin.   [Ad. 175. fol. 11].

DELAUNEY (Alfred-Alexandre).

451. *L'Eglise Saint-Pierre à Caen*, d'après **Delauney**. Eau-forte (1870).   [fol. 12].

452. *Eglise de Harfleur*, d'après **Delauney**. Eau-forte.
[fol. 13].

DELTEIL (Loys).

453. *La Pastelliste*, d'après **Delteil**. Eau-forte. (Tirée à 7 épreuves).   [Ad. 161. fol. 40].

454. *Intérieur de cour en Lorraine*, d'après **Delteil**. Eau-forte.   [fol. 41].

DESBROSSE (Léopold).

455. *Les Casseurs de pierres*, d'après Gustave **Courbet**. Eau-forte.   [fol. 42].

DESMOULIN (Fernand).

456. *Portrait de Théodore de Banville*, d'après **Desmoulin**, ainsi que les suivants. Eau-forte.   [fol. 43].

457. *Portrait de Charcot*. Eau-forte.   [Ad. 175. fol. 14].

458. *Portrait de Jules Ferry*. Eau-forte.   [fol. 15].

459. *Portrait de Victor Hugo.* Eau-forte. [Ad. 175. fol. 16].

460. *Portrait de Ferdinand de Lesseps.* Eau-forte. [fol. 17].

461. *Portrait de Son Eminence le Cardinal Richard, archevêque de Paris.* Eau-forte. [fol. 18].

462. *Portrait d'Auguste Scheurer-Kestner.* Eau-forte. [fol. 19].

463. *Portrait d'Emile Zola* (1893). Eau-forte. [fol. 20].

DETAILLE (Edouard).

Voy. **BOULARD** (Auguste) : *le Voyageur*, d'après **Meissonier**. Remarque. [Ad. 173. fol. 26].

Voy. **JACQUET** (Achille) : *Le Guide*, d'après **Meissonier**. Remarque. [Ad. 182. fol. 2].

Voy. **JACQUET** (Achille) : *Renseignements....*, d'après **Meissonier**. Remarque. [Ad. 182. fol. 1].

Voy. **JACQUET** (Achille) : *Le 1er Hussards en tirailleurs*, d'après **Detaille**. Remarque. [Ad. 176. fol. 30].

Voy. **JACQUET** (Jules) : *1806*, d'après **Meissonier**. Remarque. [Ad. 182. fol. 4].

Voy. **LAMOTTE** (Alphonse) : *Bonaparte au St-Bernard*, d'après **Detaille**. Remarque. [Ad. 178. fol. 7].

Voy. **MIGNON** (Abel.) : *1814*, d'après **Meissonier**. Remarque. [Ad. 179. fol. 18].

DEVILLE (Maurice).

464. *La Course de chars romains*, d'après Ulpiano **Checa**. Eau-forte. [Ad. 181. fol. 28].

465. *Le Retour du vainqueur*, d'après Ulpiano **Checa**. Eau-forte. [fol. 29].

DIDIER (Adrien).

466. *Portrait du Docteur Juge*, d'après Adrien **Didier**. Eau-forte. [Ad. 161. fol. 44].

467. *Portrait de Charles Gounod*, d'après Elie **Delaunay** (1879). Burin. [Ad. 175. fol. 21].

468. *La Vierge à l'Eglantine*, d'après **Ghirlandajo** (Musée de Lille). Eau-forte et burin. [Ad. 161. fol. 45].

469. *Pastorella*, d'après **Hébert**. Eau-forte et burin. [fol. 46].

DIDIER (*suite*).

470. *Anne de Clèves*, d'après **Holbein** (1539). Burin (1869).
[Ad. 175. fol. 22].

471. *Lady Godiva*, d'après J. **Lefebvre**. Eau-forte et burin.
[Ad. 161. fol. 47].

472. *L'Abondance*, d'après **Raphaël**. Burin pour la Société française de gravure.
[Ad. 175. fol. 23].

473. *La Justice*, d'après **Raphaël**. Burin pour la Société française de gravure.
[fol. 24].

474. *La Poésie*, d'après **Raphaël**. Burin pour la Société française de gravure.
[fol. 25].

475. *Portrait de M*^elle *Juana Romani*, d'après F. **Roybet** (1891). Eau-forte et burin.
[Ad. 161. fol. 48].

DORÉ (GUSTAVE).

476. *Enfants espagnols*, d'après un tableau de **Doré** appartenant au docteur J. Michel. Eau-forte ; 4e état. [fol. 49].

477-478. *Le Néophyte*, d'après **Doré**. Eau-forte (1877). 1er état. Septième planche inédite.
[Ad. 181. fol. 30 et 31].

DRAKE.

479. *Portrait de Beethoven*. Eau-forte.
[Ad. 175. fol. 26].

480. *Les Enfants de Charles I*^er (plus tard : Charles II, roi d'Angleterre, et Henriette d'Angleterre, duchesse d'Orléans), d'après van **Dyck**. Eau-forte.
[fol. 27].

DUNOD (CH.).

481. *La Sieste paternelle*, d'après **Le Prince** (1774; Pinacothèque de Munich). Eau-forte.
[Ad. 161. fol. 50].

DUPONT (FÉLIX).

482. *Portrait du Président des Etats-Unis, Garfield*. Eau-forte.
[Ad. 175. fol. 28].

DUVIVIER (ALBERT).

483. *La Veillée*, d'après **Millet**. Eau-forte.
[Ad. 161. fol. 51].

484. *Attaque du camp de Glatz*, d'après Horace **Vernet**. Eau-forte.
[fol. 52].

485. *Entrée à Breslau*, d'après Horace **Vernet**. Eau-forte.
[**Ad.** 161. fol. 53].

486. Eau-forte, d'après **Bida**, pour l'illustration de : *L'Histoire d'Esther*; Paris, Hachette, 1882; in-fol.   [fol. 54].
Mardochée eut donc soin d'écrire toutes ces choses.

E

EGUSQUIZA (Rogelio de).

487. *Portrait d'Arthur Schopenhauer*, d'après **Egusquiza**. Eau-forte.   [**Ad.** 175. fol. 29].

488-492. *Parsifal, Poème de Richard Wagner. Cinq interprétations synthétiques composées et gravées par R. de* **Egusquiza**. Eaux-fortes.   [du fol. 30 au fol. 34].

1. *Le Gral.*
   «.... das Boese bannt, wer's mit Gutem vergilt. »
2. *Titurel.* (1895).
   « Ihm neigten sich in heilig ernster Nacht
   » Dereinst des Heilands sel'ge Boten. »
3. *Kundry.* (1894).
   « Oh ! ewiger Schlaf
   » Einziges Heil
   » Wie, — wie dich gewinnen? »
4. *Amfortas.* (1894).
   « Nach wilder Schmerzens Nacht
   » Nun Waldes-Morgenpracht.»
5. *Parsifal.* (1895).
   « Oh ! — Qual der Liebe ! —
   » Wie Alles schauert, hebt undzuckt
   » In sündigem Verlangen !... »

493. *Tristan et Iseult*, d'après **Egusquiza**. Eau-forte (1896), planche effacée.   [fol. 35].

F

FAIVRE (Cl.).

494. *L'Amour au village*, d'après Bastien **Lepage** (Damviller). Eau-forte.   [fol. 36].

495. *Chanson à boire*, d'après **Roybet** (1880). Eau-forte.
[**Ad.** 181. fol. 32].

FLAMENG (Léopold).

496. *Portrait d'Emile Galichon*, d'après L. **Flameng**, pour la *Gazette des Beaux-Arts*. Eau-forte. [Ad. 161. fol. 55].

497. *Le Gondolier galant*, d'après E. de **Blaas** (1887). Eau-forte et burin.	[Ad. 175. fol. 37].

498. *Portrait de Darwin*, d'après John **Collier** (1881). Eau-forte.	[fol. 38].

499. *Portrait du docteur Paul Broca*, d'après John **Collier** (1883). Eau-forte.	[fol. 39].

500. *Le Veuf*, d'après Luke **Fildès** (1876). Eau-forte. [fol. 40].

501. *Le Coucher de Sapho* (jeune fille à la lampe), d'après **Gleyre**. Burin.	[fol. 41].

502. *L'Alsace (Elle attend!)*, d'après **Henner**. Burin. [fol. 42].

503. *Madame Devauçay*, d'après **Ingres**. Burin pour la *Gazette des Beaux-Arts*.	[Ad. 161. fol. 56]

504. *Stratonice et Antiochus*, d'après **Ingres**. Burin pour la Société française de gravure.	[Ad. 175. fol. 43].

505. *Wedded*, d'après sir Frédérick **Leighton**. Eau-forte.
[fol. 44].

506. *Jésus bénissant les enfants*, d'après le tableau de **Rembrandt**, qui est dans la galerie Suermondt (Aix-la-Chapelle). Eau-forte (1866).	[Ad. 161. fol. 57].

507-508. *Jésus guérissant les malades:* copie de la gravure de **Rembrandt** dite: *La Pièce aux cent florins*. Eau-forte: épreuve d'état, et épreuve de remarque (1873).
[fol. 58 et 59].

509. *La Leçon d'anatomie du Docteur Tulp*, d'après **Rembrandt**. Eau-forte.	[fol. 60].

510. *La Ronde de nuit*, d'après **Rembrandt**. Eau-forte.
[fol. 61].

511. *Les Syndics des drapiers*, d'après **Rembrandt**. Eau-forte.
[fol. 62].

512. *L'Abondance* (Marie de Médicis), d'après **Rubens**. Burin pour la Chalcographie du Louvre. [Ad. 175. fol. 45].

513. *Portrait d'Hélène Fourment*, d'après **Rubens**. Eau-forte.	[Ad. 161. fol. 63].

514. *Portrait de Rubens*, d'après **Rubens**. Eau-forte. [fol. 64].

515. *Gille*, d'après **Watteau**. Burin. [Ad. 161. fol. 65].

516-526. Eaux-fortes, d'après L. **Flameng**, pour l'illustration de :
Histoire de Manon Lescaut et du chevalier des Grieux, *précédée d'une préface par Alexandre Dumas fils*: Paris, Glady frères, 1875 ; vol. in-8°.
[Ad. 161. du fol. 66 au fol. 76].

1. *Portrait de A.-F. Prévost d'Exiles.*
2. *L'Abbé Prévost à Pacy.*
3. *La Rencontre.*
4. *A l'auberge St-Denis.*
5. *Manon et Des Grieux chez le fripier.*
6. *Mort de Lescaut.*
7. *Le Miroir.*
8. *Les Reproches.*
9. *L'Arrestation.*
10. *Des Grieux et les archers.*
11. *Mort de Manon.*

527-560. Eaux-fortes, d'après **Bida**, pour l'illustration de :
Les Saints Évangiles; Paris, Hachette, 1873 ; 2 vol. in-fol. [Ad. 162. du fol. 1 au fol. 34].

1. *Sermon sur la montagne.*
2. *L'Aumône.*
3. *Guérison de deux aveugles.*
4. *La Paix dans la maison.*
5. *Jean en prison.*
6. *Laissez venir à moi les petits enfants.*
7. *Les Deux aveugles de Jéricho.*
8. *La Cène.*
9. *Jésus mange avec les pêcheurs.*
10. *Jésus et ses disciples dans les blés.*
11. *Jésus prêche dans une barque.*
12. *Le Jeune homme riche.*
13. *Judas devant le Sanhédrin.*
14. *Le Sommeil des disciples.*
15. *Jésus mis en croix.*
16. *Ensevelissement du Christ.*
17. *Un Ange apparaît aux saintes femmes.*
18. *La Salutation angélique.*
19. *Jésus au milieu des docteurs.*
20. *Jésus dans la synagogue.*
21. *Jésus à Nazareth.*
22. *Sommeil de Jésus pendant la tempête.*
23. *Multiplication des pains.*
24. *Une Femme glorifie Jésus.*
25. *Départ de l'enfant prodigue.*
26. *Retour de l'enfant prodigue.*

FLAMENG (*suite*).

    27. *Jésus priant.*
    28. *Jésus chasse les marchands du temple.*
    29. *Jésus marchant sur les eaux.*
    30. *Entrée de Jésus à Jérusalem.*
    31. *Aimez-vous les uns les autres.*
    32. *Jésus prie au milieu des disciples.*
    33. *Jésus apparaît à Marie-Madeleine.*
    34. *La Pêche miraculeuse.*

561. Eau-forte, d'après **Bida**, pour l'illustration de : *Le Livre de Ruth*; Paris, Hachette, 1876; vol. in-fol.

[**Ad. 162.** fol. 35].

Booz alla donc à la porte de la ville, et s'y assit ; et voyant passer ce parent, dont il a été parlé auparavant, il lui dit en l'appelant par son nom : Venez un peu ici.

562-566. Eaux-fortes, d'après **Bida**, pour l'illustration de: *L'Histoire de Joseph*; Paris, Hachette, 1878; in-fol.

[du fol. 36 au fol. 40].

    1. *Et ils le jetèrent dans cette vieille citerne qui étoit sans eau.*
    2-3. *Ils le rendirent vingt pièces d'argent aux Ismaélites, qui le menèrent en Egypte. 2 ex., dont une pl. inutilisée.*
    4. *Afin qu'il continuât à lui présenter la coupe pour boire.*
    5. *Les frères de Joseph s'en allèrent donc, emportant leur blé sur leurs ânes.*

567-568. Eaux-fortes, d'après **Bida**, pour l'illustration de : *L'Histoire de Tobie*; Paris, Hachette, 1880; in-fol.

[**Ad. 162.** fol. 41 et 42].

    1. *Tobie dit adieu à son père et à sa mère, et ils se mirent tous les deux en chemin.*
    2. *Et, prenant la main droite de sa fille, il lui dit : que le Dieu d'Abraham, le Dieu d'Isaac et le Dieu de Jacob soit avec vous.*

569-570. Eaux-fortes, d'après **Bida**, pour l'illustration de: *L'Histoire d'Esther*; Paris, Hachette, 1882; in-fol.

[fol. 43 et 44].

    1. *Cet édit fut affiché dans Suse, et tous les Juifs, qui étoient dans la ville, fondoient en larmes.*
    2. *Elle se présenta devant le Roi au lieu où il étoit assis sur son trône.*

571-580. Eaux-fortes, d'après Jean-Paul **Laurens**, pour l'illustration de: *L'Imitation de Jésus-Christ; Traduction de Michel de Marillac, garde des sceaux de France*; Paris, Quantin, 1878; vol. in-8°. [du fol. 45 au fol. 54].

    1. *L'Auteur de l'Imitation de Jésus-Christ en extase.*
    2. *Hildebrand reproche à Brunon d'avoir accepté la tiare des mains de l'Empereur Henri III.*

3. *Saint Jérôme au désert.*
4. *François de Borgia devant le cercueil d'Isabelle de Portugal.*
5. *Saint Clodoal se réfugie entre les bras de Saint Séverin......*
6. *L'Ombre de Marianne apparaît à Hérode le Grand, son mari et son meurtrier....*
7. *Saint Thomas d'Aquin échappe à la tentation.*
8. *Saint Célestin V abdique la tiare.*
9. *Saint Louis, évêque de Toulouse, recevant les pauvres à sa table et les servant lui-même...*
10. *Grégoire de Tours réprimandant Chilpéric.*

581-612. Eaux-fortes, d'après Louis **Leloir**, pour l'illustration de : *Théâtre complet de J.-B. Poquelin de Molière, publié par D. Jouaust, préface par M. D. Nisard :* Paris, librairie des Bibliophiles, 1876 ; 8 vol. gr. in-8°.

[du fol. 55 au fol. 86].

1. *Portrait de Molière.*
2. *L'Étourdi ;* acte IV, scène II.
3. *Dépit amoureux ;* acte IV, scène IV.
4. *Les Précieuses ridicules ;* scène IX.
5. *Sganarelle ;* scène XXI.
6. *Don Garcie de Navarre ;* acte II, scène V.
7. *L'École des maris ;* acte III, scène VII.
8. *Les Fâcheux ;* acte I, scène III.
9. *L'École des femmes ;* acte V, scène IV.
10. *La Critique de l'École des femmes ;* scène VII.
11. *L'Impromptu de Versailles ;* scène I.
12. *Le Mariage forcé ;* scène IX.
13. *La Princesse d'Élide ;* acte II, scène I.
14. *Don Juan ;* acte III, scène V.
15. *L'Amour médecin ;* acte III, scène VI.
16. *Le Misanthrope ;* acte II, scène I.
17. *Le Médecin malgré lui ;* acte I, scène V.
18. *Mélicerte ;* acte II, scène III.
19. *Le Sicilien ;* scène XII.
20. *Le Tartuffe ;* acte IV, scène IV.
21. *Amphitryon ;* acte I, scène II.
22. *George Dandin ;* acte III, scène VI.
23. *L'Avare ;* acte I, scène III.
24. *Monsieur de Pourceaugnac ;* acte III, scène III.
25. *Les Amants magnifiques ;* acte IV, scène I.
26. *Le Bourgeois gentilhomme ;* acte V, scène I.
27. *Psyché ;* acte IV, scène IV.
28. *Les Fourberies de Scapin ;* acte III, scène II.
29. *La Comtesse d'Escarbagnas ;* scène II.
30. *Les Femmes savantes ;* acte III, scène II.
31. *Le Malade imaginaire ;* acte I, scène I.
32. *La Muse de Molière.*

FOCILLON (VICTOR-LOUIS).

613. *Un Coin d'ombre, à Capri*, d'après Jean **Benner**. Eau-forte. [**Ad. 181. fol. 33**].

614. *Les Communiantes*, d'après Jules **Breton** (1884). Eau-forte. [fol. 34].

615. *Chez le barbier*, d'après W. **Dendy-Sadler**. Eau-forte. [**Ad. 175. fol. 46**].

616. *Le Corps de garde en Espagne*, d'après François **Flameng**. Eau-forte. [fol. 47].

617. *A La fontaine*, d'après un fusain de Léon **Lhermitte**. Eau-forte. [fol. 48].

618. *La Fenaison*, d'après Léon **Lhermitte**. Eau-forte. [fol. 49].

619. *Amours des saisons et des vents*, d'après David **Moore**. Eau-forte. [fol. 50].

620. *Jeune femme allaitant un enfant*, d'après **Moreau de Tours**. Eau-forte. [**Ad. 163. fol. 1**].

621. *Above Hill (Sur la colline)*, d'après David **Murray**. Eau-forte. [**Ad. 181. fol. 35**].

G

GAILLARD (FERDINAND).

622. *La Vierge de Giovanni* **Bellini**. Burin (mars 1866), pour la *Gazette des Beaux-Arts*; 3e état. [**Ad. 163. fol. 2**].

623. *Gattamelata*, statue équestre par **Donatello**. Burin (1866), pour la *Gazette des Beaux-Arts*; 1e état. [fol. 3].

GAUCHEREL (LÉON).

624. *Arromanches*, d'après **Gaucherel**. Eau-forte pour les *Côtes de France*. [fol. 4].

625. *D'Arromanches à Asnelles*, d'après **Gaucherel**. Eau-forte pour les *Côtes de France*. [**Ad. 176. fol. 1**].

626. *Nature morte*, d'après **Gaucherel**. Eau-forte. [fol. 2].

627. *Médaillon antique*. Eau-forte et burin (1860).
　　　　　　　　　　　　　　　　　　　[**Ad**. 163. fol. 5].
628. *Reliquaire*. Eau-forte (1849). 　　　　　　[fol. 6].
629. *Tombeau de Guillaume le Taciturne, à Delft*. Eau-forte.
　　　　　　　　　　　　　　　　　　　　　　[fol. 7].
630. *Paysage*, d'après Claude **Lorrain**. Eau-forte (avant-dernier
　　état). 　　　　　　　　　　　　　　　[fol. 8].
631-633. Eaux-fortes, d'après **Bida**, pour l'illustration de: *Les
　　Saints Évangiles;* Paris, Hachette, 1873 ; 2 vol. in-fol.
　　　　　　　　　　　　　　　　　[du fol. 9 au fol. 11].
　　　1. *Frise*.
　　　2. *Considérez les lis des champs*.
　　　3. *Jésus sur le mont des Oliviers*.
634. Eaux-fortes, d'après **Bida**, pour l'illustration de: *L'Histoire
　　de Joseph:* Paris, Hachette, 1878 ; in-fol. 　　[fol. 12].
　　*Il me sembloit que j'étois sur le bord du fleure, d'où sortoient
　　sept vaches fort belles.*
635-636. Eaux-fortes, d'après **Boucher**, pour l'illustration de :
　　*Les Œuvres de Molière, avec notices et variantes,
　　par Alphonse Pauly;* Paris, Lemerre ; 8 vol. in-32.
　　　　　　　　　　　　　　　　　　[fol. 13 et 14].
　　　1. *Les Fâcheux*.
　　　2. *M. de Pourceaugnac*.

GAUJEAN (Eugène).

637. *Flamma Vestalis*, d'après **Burne-Jones** (1886). Eau-forte.
　　　　　　　　　　　　　　　　　　[**Ad**. 176. fol. 3].
638. *Flora*, d'après **Burne-Jones**. Eau-forte. 　　[fol. 4].
639. *La Vierge aux raisins*, d'après Gérard **David**. Eau-forte.
　　　　　　　　　　　　　　　　　　[**Ad**. 163. fol. 15].
640. *Le Jeune et le Vieux (The old and the young)*, d'après
　　W. **Dendy-Sadler**. Eau-forte. 　　[**Ad**. 176. fol. 5].
641. *Anniversaire de la Veuve*, d'après W. **Dendy-Sadler**.
　　Eau-forte. 　　　　　　　　　　　　　[fol. 6].
642. *Commérage*, d'après W. **Dendy-Sadler**. Eau-forte.
　　　　　　　　　　　　　　　　　　　　　　[fol. 7].
643. *La Victime*, d'après W. **Dendy-Sadler**. Eau-forte.
　　　　　　　　　　　　　　　　　　　　　　[fol. 8].
644. *Les Rivaux*, d'après W. **Dendy-Sadler**. Eau-forte.
　　　　　　　　　　　　　　　　　　　　　　[fol. 9].

GAUJEAN (*suite*).

645. *Whist au mort*, d'après **W. Dendy-Sadler**. Eau-forte.
[Ad. 176. fol. 10].

646. *Dans l'ombre de l'église*, d'après Frank **Dicksée** (1888). Eau-forte. [fol. 11].

647. *La Vierge du chanoine Pala*, d'après van **Eyck**. Eau-forte. [fol. 12].

648. *Paphos*, d'après **Gorguet**. Eau-forte pour la *Société française des amis des arts*. [Ad. 163. fol. 16].

649. *Partie finie*, d'après A.-G. **Gow** (1870). Eau-forte. [Ad. 176. fol. 13].

650. *Lady Dover*, d'après **Lawrence**. Eau-forte. [Ad. 163. fol. 17].

651. *Master Lambton*, d'après **Lawrence**. Eau-forte. [fol. 18].

652. [*Cinq personnages, assis à une table, et discutant*], d'après H.-S. **Marks** (1885). Eau-forte. [Ad. 176. fol. 14].

653. [*Fillette dans un parc*], d'après **Millais** (1885). Eau-forte. [fol. 15].

654. *Le Prélude*, d'après R. **Poetzelberger** (München, 1887). Eau-forte. [fol. 16].

GÉRARD (CHARLES).

655. [*Jeune femme descendant un escalier*], d'après L. Emile **Adan**. Eau-forte. [fol. 17].

GÉRY-BICHARD.

Voy. **Bichard** (Géry-).

GEYGER (E.-M.).

656. *Allégorie sur l'origine de l'homme* d'après *Darwin*. Eau-forte. [fol. 18].

657. *Le Printemps*, d'après Sandro **Botticelli** (Académie des Beaux-Arts de Florence). Eau-forte. [Ad. 181. fol. 36].

658. *Enfants sur le bord de la mer*, d'après Josef **Israëls**. Eau-forte. [Ad. 176. fol. 19].

GILBERT (ACHILLE).

659. *Le Musico hollandais, musiciens ambulants*, d'après Adrien van **Ostade**. Eau-forte. [Ad. 163. fol. 19].

660. *Le Buveur*, d'après J.-G. **Vibert**. Eau-forte.
[Ad. 176. fol. 20].

661. Eau-forte, d'après **Bida**, pour l'illustration de : *Les Saints Evangiles;* Paris, Hachette, 1873 ; 2 vol. in-fol.
[Ad. 163. fol. 20].
Guérison d'un Hydropique.

662. Eau-forte, d'après **Bida**, pour l'illustration de : *L'Histoire de Joseph;* Paris, Hachette, 1878 ; in-fol. [fol. 21].
Jacob, étendant sa main droite, la mit sur la tête d'Ephraïm, qui étoit le plus jeune.

663. Eau-forte, d'après **Bida**, pour l'illustration de : *L'Histoire de Tobie;* Paris, Hachette, 1880 ; in-fol. [fol. 22].
Après ces paroles, il disparut devant eux, et ils ne purent plus le voir.

664. Eau-forte, d'après **Bida**, pour l'illustration de : *L'Histoire d'Esther;* Paris, Hachette, 1882 ; in-fol. [fol. 23].
Et ayant vu que Mardochée, qui étoit assis à la porte du palais, non seulement ne s'étoit pas levé pour lui faire honneur, mais ne s'étoit pas même remué de la place où il étoit, il en conçut une grande indignation.

GIRARDET (Edouard).

665-666. Eau-forte, d'après **Bida**, pour l'illustration de : *Les Saints Evangiles;* Paris, Hachette, 1873 ; 2 vol. in-fol.
[fol. 24 et 25].
1-2 Le Retour d'Egypte. 2 états.

GIROUX (Charles).

667. *Séparation*, d'après Edouard **Gelhay**. [Ad. 176. fol 21].

668. *Mes chats*, d'après Daniel **Hernandez**. Eau-forte. [fol. 22].

669. *Mes colombes*, d'après Daniel **Hernandez**. Eau-forte.
[fol. 23].

670. *Les Fileuses*, d'après **Vélazquez**. Eau-forte.
[Ad. 181. fol. 37].

GREUX (Amédée).

671-674. Eaux-fortes pour l'illustration de : *Les Contes de La Fontaine;* Paris, Lemerre, 1876 ; in-8°.
[Ad. 163. du fol. 26 au fol. 29].
1. *La Gageure des trois commères*, d'après **Fragonard**.
2. *La Fiancée du roi de Garbe*, d'après **Fragonard**.
3. *Les Lunettes.*
4. *La Chose impossible*, d'après **Lorrain**.

GREUX (Gustave).

675. *Carrosse italien du XVIIIe siècle*. Eau-forte.
[Ad. 163. fol. 30].

676. *Nature morte*, d'après **Berne-Bellecour**. Eau-forte.
[fol. 31].

677. *Les Premiers pas de l'enfance*, d'après **Millet**. Eau-forte.
[fol. 32].

678. *Marais dans les Landes*, d'après Théodore **Rousseau**
(Musée du Louvre). Eau-forte.   [Ad. 176. fol. 24].

679. *Sortie de forêt, Fontainebleau*, d'après Théodore **Rousseau** (Musée du Louvre). Eau-forte.   [fol. 25].

680. *La Sainte collation*, d'après J.-G. **Vibert**. Eau-forte (1876).
[fol. 26].

681. Eau-forte, d'après **Bida**, pour l'illustration de : *L'Histoire
de Joseph ;* Paris, Hachette, 1878 ; in-fol.
[Ad. 163. fol. 33].

Le père, l'ayant reconnue, dit : c'est la robe de mon fils.

682-686. Eaux-fortes, d'après **Boucher**, pour l'illustration de :
*Les Œuvres de Molière, avec notes et variantes, par
Alphonse Pauly ;* Paris, Lemerre ; 8 vol. in-32.
[du fol. 34 au fol. 38].

1. *La Critique de l'Ecole des Femmes.*
2. *L'Impromptu de Versailles.*
3. *Le Mariage forcé.*
4. *Le Bourgeois gentil-homme.*
5. *Les Femmes savantes.*

687-690. Eaux-fortes pour l'illustration de : *Les Contes de
La Fontaine ;* Paris, Lemerre, 1876 ; in-8°.
[du fol. 39 au fol. 42]

1. *Le Villageois qui cherche son veau*, d'après **Vleughels**.
2. *Les Troqueurs*, d'après **Lancret**.
3. *La Jument du compère Pierre*, d'après **Vleughels**.
4. *Le Faiseur d'oreilles*, d'après **Fragonard**.

H

HAUSSOULLIER (William).

691. *Romulus vainqueur d'Acron*, d'après **Ingres** (1808).
Burin (1866) pour la chalcographie du Louvre.
[Ad. 181. fol. 38].

692-699. *La Semaine*. Dessins faits à Rome par M. **Ingres** en 1813, donnés à M. Ed. Gatteaux, gravés par W. Haussoulier en 1869. Chalcographie du Louvre. Burins.

[**Ad.** 163. du fol. 43 au fol. 50].

1. *Titre*.
2. Lundi.
3. Mardi.
4. Mercredi.
5. Jeudi.
6. Vendredi.
7. Samedi.
8. Dimanche.

700-708. Eaux-fortes, d'après **Bida**, pour l'illustration de : *Les Saints Évangiles*; Paris, Hachette, 1873; 2 vol. in-fol.

[du fol. 51 au fol. 59].

1. *Jésus tenté par le démon*.
2. *Jésus prédit la destruction du Temple*.
3. *Joseph d'Arimathie*.
4. *Le Lépreux*.
5. *Les Saintes femmes portent des parfums*.
6-7. *La Samaritaine ; 2 états*.
8-9. *Ecce Homo ; 2 états*.

HÉDOUIN (EDMOND).

709. *Portrait du marquis du Lau d'Allemans*, d'après **Hédouin**. Eau-forte (1862). [fol. 60].

710-711. *Les Amateurs de livres*, d'après **Hédouin**, frontispice pour *La Reliure française, par MM. Marius Michel*, relieurs-doreurs ; Morgand et Fatout (1880). Eau-forte (1879) ; 2 états. [fol. 61 et 62].

712. *Portrait du vicomte Henri Delaborde*, d'après Paul **Delaroche**. Dédicace : *Paul Delaroche à son ami H. Delaborde, couvent des Camaldules, 23 sept. 1834*. Eau-forte. [fol. 63].

713-724. Eaux-fortes, d'après **Hédouin**, pour l'illustration de : *Histoire de Manon Lescaut et du chevalier des Grieux*; Paris, Librairie des Bibliophiles, 1874 ; 2 vol. in-16.

[du fol. 64 au fol. 69].

1-2. *A. F. Prévost d'Exiles : 2 états*.
3-4. *L'Hôtellerie de Pacy ; 2 états*.
5-6. *Rencontre de Manon et des Grieux ; 2 états*.
7-8. *Mort de Lescaut ; 2 états*.
9-10. *L'Enlèvement de Manon ; 2 états*.
11-12. *La Mort de Manon ; 2 états*.

HÉDOUIN (*suite*).

725-736. Eaux-fortes, d'après **Hédouin**, pour l'illustration de :
*Laurence Sterne : Voyage en France et en Italie.
Traduction par Alfred Hédouin ;* Paris, librairie des
Bibliophiles, 1875 ; vol. in-12.

[**Ad.** 163. du fol. 70 au fol. 75].

    1-2. *Laurence Sterne ;* 2 états.
    3-4. *Les Tabatières ;* 2 états.
    5-6. *Le Mari ;* 2 états.
    7-8. *Le Pâtissier ;*
    9-10. *La Tentation ;* 2 états.
    11-13. *Le Cas de délicatesse ;* 2 états.

737-764. Eaux-fortes, d'après **Hédouin**, pour l'illustration de :
*Jules Janin ; œuvres diverses publiées sous la direction
de M. A. de La Fizelière ;* Paris, librairie des Bibliophiles,
1876-1877 ; 2 vol. in-16.   [**Ad.** 164. du fol. 1 au fol. 14].

    1-2. *L'Ane mort.* Chap. II ; 2 états.
    3-4. *Les Cheveux blancs de la reine ;* 2 états.
    5-6. *Une Lecture de Candide :* 2 états.
    7-8. *Le Mariage vendéen ;* 2 états.
    9-10. *Le Crucifix :* 2 états.
    11-12. *Melle Mars dans le « Misanthrope » :* 2 états.
    13-14. *Melle Rachel dans « Phèdre » ;* 2 états.
    15-17. *Melle Dorval dans « Chatterton » ;* 3 états.
    18-19. *Mme Rose Chéri dans « Clarisse Harlowe » ;* 2 états.
    20-21. *Jules Janin* (1876), d'après Edouard **Dubufe**, (1851) ; 2 états.
    22-23. *Les Prédictions* (Barnave, chap. XXIII) ; 2 états.
    24-25. *La Défaite* (Barnave, chap. L) ; 2 états.
    26-27. *Horace à Tibur :* 2 états.
    28-29. *Horace à Rome :* 2 états.

765-778. Eaux-fortes, d'après **Hédouin**, pour l'illustration de :
Voyage autour de ma chambre ; Paris, librairie des Bibliophiles, 1877 ; vol. in-16.   [du fol. 15 au fol. 20].

    1-2. *X. de Maistre ;* 2 états.
    3-6. *Le Tertre.* Chap. IX ; 4 états.
    7-8. *Le Pauvre.* Chap. XXVIII ; 2 états.
    9-10. *La Rose.* Chap. XXXV ; 2 états.
    11-12. *Le Songe.* Chap. XLII ; 2 états.
    13-14. *Le Balcon.* Chap. XVII (*de l'Expédition nocturne...*) ; 2 états.

779-792. Eaux-fortes, d'après **Hédouin**, pour l'illustration de :
Paul et Virginie. Paris, Lemerre, 1879 ; vol. in-8°.

[du fol. 21 au fol. 27].

    1-2. *Bernardin de St-Pierre.*
    3-11. *Eaux-fortes sans lettre.*

793-818. Eaux-fortes, d'après Hédouin, pour l'illustration de :
*J. J. Rousseau. Les Confessions, avec une préface, par
Marc Monnier ;* Paris, librairie des Bibliophiles, 1881 ;
4 vol. in-16.   [Ad. 164. du fol. 28 au fol. 40].

1-2. *J. J. Rousseau,* d'après un pastel de **Latour** ; 2 états.
3-4. *L'Aqueduc.* Livre I ; 2 états.
5-6. *Rencontre de Mme de Warens.* Livre II ; 2 états.
7-8. *M. Gros chez Mme de Warens.* Livre III ; 2 états.
9-10. *Le Passage du gué.* Livre IV ; 2 états.
11-12. *Le Rat de Mme de Warens.* Livre V ; 2 états.
13-14. *La Pervenche.* Livre VI ; 2 états.
15-16. *Rousseau chez Zulietta.* Livre VII ; 2 états.
17-18. *Déjeuner avec Thérèse.* Livre VIII ; 2 états.
19-20. *Le Bosquet.* Livre IX ; 2 états.
21-22. *Rousseau lisant Julie chez Mme de Luxembourg.* Livre X ; 2 états.
23-24. *Adieux de Rousseau et de Thérèse.* Livre XI ; 2 états.
25-26. *Rousseau poursuivi dans la campagne.* Livre XII ; 2 états.

819-853. Eaux-fortes, d'après Hédouin, pour l'illustration de :
Le Théâtre de Molière ; Paris, Damascène Morgand, 1888 ;
in-8°.   [du fol. 41 au fol. 75].

1. *Frontispice avec portrait de Molière,* d'après **Mignard.**
2. *L'Etourdi ;* acte I, scène IV.
3. *Le Dépit amoureux ;* acte IV, scène III.
4. *Les Précieuses ridicules ;* scène IX.
5. *Sganarelle ou le cocu imaginaire ;* scène VI.
6. *Don Garcie de Navarre ;* acte IV, scène IX.
7. *L'Ecole des maris ;* acte II, scène IX.
8. *Les Fâcheux ;* acte II, scène IV.
9. *L'Ecole des femmes ;* acte I, scène III.
10. *La Critique de l'Ecole des Femmes ;* scène IV.
11. *L'Impromptu de Versailles ;* scène IV.
12. *Le Mariage forcé ;* scène IX.
13. *La Princesse d'Elide ;* premier prologue.
14. *La Princesse d'Elide ;* acte IV, scène II.
15. *Le Tartuffe ;* acte IV, scène VII.
16. *Don Juan ou le Festin de Pierre ;* acte III, scène II.
17. *L'Amour médecin ;* acte III, scène VI.
18. *Le Misanthrope ;* acte IV, scène III.
19. *Le Médecin malgré lui ;* acte II, scène II.
20. *Mélicerte ;* acte II, scène III.
21. *La Pastorale comique ;* scène XII.
22. *Le Sicilien ;* scène XII.
23. *Amphitryon ;* prologue.
24. *Amphitryon ;* acte II, scène VI.
25. *George Dandin ;* acte III, scène VI.
26. *L'Avare ;* acte IV, scène VII.
27. *Monsieur de Pourceaugnac ;* acte II, scène VIII.

HÉDOUIN (*suite*).

> 28. *Les Amants magnifiques :* acte IV, scène II.
> 29. *Le Bourgeois Gentilhomme ;* acte III, scène III.
> 30. *Psyché ;* prologue.
> 31. *Psyché ;* acte IV, scène IV.
> 32. *Les Fourberies de Scapin ;* acte II, scène VI.
> 33. *La Comtesse d'Escarbagnas ;* scène II.
> 34. *Les Femmes savantes ;* acte II, scène VI.
> 35. *Le Malade imaginaire ;* acte I, scène V.

854-875. Eaux-fortes, d'après **Bida**, pour l'illustration de : *Les Saints Évangiles ;* Paris, Hachette, 1873 ; 2 vol. in-fol.

[Ad. 165. du fol. 1 au fol. 22].

> 1. *Le Christ.*
> 2. *Saint Mathieu.*
> 3. *Sommeil de Saint Joseph.*
> 4. *Jésus assis au bord de la mer.*
> 5. *Le Reniement de Pierre.*
> 6. *Jésus livré aux soldats.*
> 7. *Saint Marc.*
> 8. *Jésus guérit un sourd.*
> 9. *La Vierge et l'enfant Jésus.*
> 10. *Saint Luc.*
> 11. *Jésus guérit un paralytique.*
> 12. *Guérison d'une femme âgée.*
> 13. *Les Dix lépreux.*
> 14. *Jésus pleure sur Jérusalem.*
> 15. *Jésus et les princes des prêtres.*
> 16. *Jésus au jardin des oliviers.*
> 17. *Les Filles de Jérusalem.*
> 18. *Saint Jean.*
> 19. *La Femme adultère.*
> 20. *Le Bon Pasteur.*
> 21. *La Voie, la vérité, la vie.*
> 22. *Jésus conduit chez Pilate.*

876-877. Eau-forte, d'après **Bida**, pour l'illustration de : *Le Livre de Ruth ;* Paris, Hachette, 1876 ; in-fol.

[fol. 23 et 24].

> 1. *Ruth.*
> 2. *Noémi, ayant pris l'enfant, le mit dans son sein, et elle le portoit, elle lui tenoit lieu de nourrice.*

878-879. Eau-forte, d'après **Bida**, pour l'illustration de : *L'Histoire de Joseph ;* Paris, Hachette, 1878 ; in-fol.

[fol. 25 et 26].

> 1. *Mon fils, ajouta-t-il, je prie Dieu qu'il vous conserve et vous soit favorable.*
> 2. *Et, le voyant, il se jeta à son cou et l'embrassa en pleurant.*

880-882. Eaux-fortes, d'après **Bida**, pour l'illustration de :
L'Histoire de Tobie ; Paris, Hachette, 1880 ; in-fol.
[du fol. 27 au fol. 29].
1. *Raphaël prit donc quatre serviteurs de Raguel et deux chameaux,
et s'en alla en la ville de Ragès.*
2. *Et il fut enseveli honorablement dans la ville de Ninive.*
3. *L'ange lui dit : prenez-le par les ouïes, et entraînez-le à vous.*

883. Eaux-fortes, d'après **Bida**, pour l'illustration de : *L'Histoire
d'Esther ;* Paris, Hachette, 1882 ; in-fol. [fol. 30].
Esther.

884-890. Eaux-fortes, d'après **Bida**, pour l'illustration de : *Le
Cantique des Cantiques, traduit de l'hébreu par Ernest
Renan ;* Paris, Hachette, 1886 ; in-fol.
[du fol. 31 au fol. 37].
1. *Le roi m'a fait entrer dans son harem.*
2. *Les fils de ma mère m'avaient mise dans les champs pour garder
les vignes.*
3. *Le voilà qui regarde par la fenêtre, qui épie par le treillage.*
4. *Je suis entré dans mon jardin, ma sœur fiancée.*
5. *J'étais descendue au verger pour voir si la vigne avait germé.*
6. *Levons-nous de bonne heure pour courir aux vignes.*
7. *Belle qui habites ce jardin.*

HUET (Paul).

891. *Les sources de Royat,* d'après Paul **Huet**. Eau-forte (1838).
[Ad. 181. fol. 39].

HUET (René-Paul).

892. *Paysage,* d'après Paul **Huet** (1835). Eau-forte.
[fol. 40].

I

ISRAELS (Josef).

893. *Pêcheur,* d'après **Israëls**. Eau-forte. [Ad. 165. fol. 38].
894. *Le Fumeur (Smoker),* d'après **Israëls**. Eau-forte. [fol. 39].

J

JACQUEMART (Jules).

895. *Portrait d'Albert Jacquemart,* père du graveur, d'après
Jacquemart. Eau-forte. [fol. 40].

JACQUEMART (*suite*).

896. *Portrait de Nicolas Rapin*, d'après un tableau du temps,
avec un *encadrement* composé par **Jules Jacquemart**.
Eau-forte (1880), gravée pour M. Techener.
[**Ad.** 165. fol. 41].

897. *Carte d'invitation* pour une fête, avec personnages Watteau,
d'après **Jacquemart**. Pointe sèche inédite.   [fol. 42].

898. *Cuiller en argenterie artistique*. Eau-forte (1879), pour
M. Tiffany ; 2e état.   [fol. 43.].

899. *Table en bois sculpté*, composée par M. **Beurdeley**, et
exposée au Champ de Mars en 1878. Eau-forte (1878), pour
la *Gazette des Beaux-Arts* (Janvier 1880) ; 2e état.
[fol. 44].

900. *La Musique*, d'après **Van der Helst**. Eau-forte ; 3e état.
[fol. 45].

901. *Le Liseur*, d'après **Meissonier** (1856), (Collection Suer-
mondt). Eau-forte ; 2e état. |fol. 46].

902. *Une Fête dans une chaumière*, d'après Adrien van **Ostade**
(galerie San Donato). Eau-forte (1877) ; 4e état, pour la
Gazette des Beaux-Arts.   [fol. 47].

903. *La Vigilance*, porcelaine à pâte rapportée, par **Solon**. Eau-
forte (1868), 2e état, pour le *Musée universel*, d'Ed. Lièvre
(1868).   [fol. 48].

904. *Tête de Christ*, d'après un dessin de Léonard de **Vinci**
(Musée Bréra, à Milan). Eau-forte (1875) ; 2e état, pour
l'Imitation de Jésus-Christ, publiée par MM. Glady frères.
[fol. 49].

JACQUET (ACHILLE).

905. *Félix Faure, Président de la République française*,
d'après A. **Jacquet**. Burin (1896).   [**Ad.** 176. fol. 27].

906. *Portrait du jeune Franqueville*, d'après A. **Jacquet**. Eau-
forte.   [**Ad.** 165. fol. 50].

907. *Portrait de Saint-Saëns*, d'après A. **Jacquet**. Eau-forte et
burin (1898).   [fol. 51].

908. *Portrait d'Alexandre Bertrand*, d'après **Bonnat** (1896).
Eau-forte et burin.   [fol. 52].

909. *La Décollation de saint Denis*, d'après **Bonnat**. Burin et
eau-forte.   [fol. 53].

910. *Diplôme de la Société des Artistes français*, accompagnant les médailles données aux Salons, d'après le dessin de **Bracquemond**. Burin.   [Ad. 176. fol. 28].

911. *La Fondatrice des petites sœurs des pauvres*, d'après **Cabanel** (1885). Burin.   [fol. 29].

912-924. *Les Mois*, d'après **Cabanel** (Hôtel de ville de Paris). Burins.   [Ad. 165. du fol. 54 au fol. 66].
   1. *Frontispice.*
   2. *Janvier. Le Pèlerin. Les Contes du Foyer.*
   3. *Férrier. La Mascarade.*
   4. *Mars. L'Inondation.*
   5. *Avril. Le Réveil de la nature.*
   6. *Mai. Les Amours.*
   7. *Juin. Les Foins.*
   8. *Juillet. Les Moissonneurs.*
   9. *Août. Les Fruits.*
   10. *Septembre. La Vendange.*
   11. *Octobre. La Chute des feuilles.*
   12. *Novembre. La Chasse.*
   13. *Décembre. L'Etude.*

925. *Portrait de Madame Diaz-Albertini*, d'après **Cabanel** Eau-forte et burin.   [fol. 67].

926. *Rachel*, d'après **Cabanel** (1884). Eau-forte et burin.
          [fol. 68].

927. *Le 1er Hussards en tirailleurs*, d'après Edouard **Detaille** (1891). Eau-forte. Remarque de **Detaille** (1892).
          [Ad. 176. fol. 30].

928. *Jeanne d'Arc*, d'après Paul **Dubois** (1895). Eau-forte et burin.   [Ad. 165. fol. 69].

929. *Portrait de Madame Basly*, d'après **Hernandez**. Eau-forte et burin.   [fol. 70].

930. *Carle Vernet* (1758-1836), d'après **Lépicié** (1772). Burin pour la Société française de gravure. [Ad. 176. fol. 31].

931. *La Muse Uranie*, d'après Eustache **Lesueur**. Burin.
          [fol. 32].

932. *Sainte Cécile*, d'après **Maderno**. Eau-forte et burin.
          [Ad. 165. fol. 71].

933. *Jésus au jardin des oliviers*, d'après **Mantegna**. (Partie gauche d'une prédelle : Musée de Tours). Burin.
          [Ad. 176. fol. 33].

JACQUET (*suite*).

931. *Le Calvaire*, d'après **Mantegna** (Partie centrale d'une prédelle : musée du Louvre). Burin.   [**Ad**. 176. fol. 34].

935. *La Résurrection*, d'après **Mantegna** (Partie droite d'une
prédelle : musée de Tours). Burin.   [fol. 35].

936. *Renseignements (Le général Desaix à l'armée du Rhin et
Moselle)*, d'après **Meissonier** (1867). Burin. Remarque
d'Edouard **Detaille**.   [**Ad**. 182. fol. 1].

937. *Le Peintre d'enseignes*, d'après **Meissonier** (1872).
Burin (1888). Remarque : *Bacchus*, par **Meissonier**.
     [**Ad**. 176. fol. 36].

938. *Le Guide*, d'après **Meissonier** (1883). Burin. Remarque
d'Edouard **Detaille**.   [**Ad**. 182. fol. 2].

939. *Meadowsweet* (Jeune fille tenant une branche de reine
des prés), d'après **Morgan**. Burin.   [**Ad**. 176. fol. 37].

940. *Portraits de Jean et Thérèse Borington*, d'après Josuah
Reynolds. Eau-forte et burin.   [**Ad**. 165. fol. 72].

941. *Portrait de Jean Racine*, d'après **Santerre**. Burin (1899).
     [fol. 73].

942. *Évanouissement de sainte Catherine*, d'après Le **Sodo-
ma**. Burin pour la Société française de gravure.
     [**Ad**. 176. fol. 38].

943. *La Dialectique*, d'après Paul **Véronèse** (Plafond de la
salle du Collegio, au Palais ducal de Venise). Burin.
     [**Ad**. 165. fol. 74].

JACQUET (Jules).

944. *Grenadier*. Burin.   [fol. 75].

945. *La Fortune et l'Amour*, d'après Paul **Baudry**. Burin.
     [**Ad**. 176. fol. 39].

946. *Le Triomphe de l'art*, plafond allégorique (Hôtel de ville de
Paris), d'après Léon **Bonnat**. Burin. [**Ad**. 182. fol. 3].

947. *Portrait du fondateur de l'ordre des petites sœurs des
pauvres*, d'après **Cabanel** (1884). Burin.
     [**Ad**. 176. fol. 40].

948. *La Belle Portia*, d'après **Cabanel** (1886). Burin. [fol. 41].

949. *Les Joyeuses commères de Windsor*, d'après Achille
Fould. Burin.   [**Ad.** 176. fol. 42].

950. *Room for two*, d'après J. **Haynes Williams** (1890).
Burin.   [fol. 43].

951. *L'Aurore*, d'après Jules **Lefebvre**. Burin. |fol. 44].

952. *Friendly competitors*, d'après A.-A. **Lesrel** (1892). Burin.
[fol. 45].

953. *Aide de Camp*, d'après **Meissonier**. Burin et eau-forte.
[**Ad.** 165. fol. 76].

954. *Les Bons amis*, d'après **Meissonier**. Burin.
|**Ad.** 176. fol. 46].

955. *Les Joueurs d'échecs*, d'après **Meissonier** (1857). Burin.
[fol. 47].

956. *A l'auberge*, d'après **Meissonier** (septembre 1865). Burin
et eau-forte.   [fol. 48].

957. *Le Portrait du sergent*, d'après **Meissonier** (1874). Burin
(1887). Remarque : *Un sergent*, par **Meissonier**. Eau-
forte. |fol. 49].

958. *1806*, d'après **Meissonier** (1890). Burin (1891). La
remarque est de **Detaille**. |**Ad.** 182. fol. 4].

959. *1807*, d'après **Meissonier** (1888). Burin (épreuve d'essai).
La remarque est de **Meissonier**. |fol. 5].

960. *1814*, d'après **Meissonier** (1894). Burin.
[**Ad.** 176. fol. 50].

961. *Monument funéraire*, d'après A. **Mercié**. Eau-forte et
burin. |**Ad.** 165. fol. 77].

962. *Première offrande*, d'après Herbert **Schmaltz**. Burin.
[**Ad.** 182. fol. 6].

963. *1815*, d'après R. **Caton Woodville** (1895). Burin.
Remarque : *Portraits de Blücher et de Wellington*.
[fol. 7].

JASINSKI (Félix).

964-966. *The Annunciation*, d'après **Burne-Jones**. Eau-
forte ; 3 états.   [**Ad.** 177 du fol. 1 au fol. 3].

967. *The Golden Stairs (L'escalier d'or)*, d'après **Burne-Jones**.
Eau-forte. |**Ad.** 182. fol. 8].

JASINSKI *(suite).*

968. *Love among the Ruines* (L'amour parmi les ruines), d'après **Burne-Jones**. Eau-forte (1898).
[Ad. 177. fol. 4].

969-970. *Mariage de Psyché*, d'après **Burne-Jones**. Eau-forte. 2 états. [fol. 5 et 6].

971-972. *Venus's Looking - glass (Le miroir de Vénus)*, d'après **Burne-Jones**. Eau-forte ; 2 états, dont un daté : *dimanche, 6 Janvier 1895.* [fol. 7 et 8].

973. *William Warham, archevêque de Cantorbéry*, d'après Hans **Holbein** (1525). Eau-forte. [fol. 9].

JEANNIN (FRÉDÉRIC-EMILE).

974. *Rêverie*, d'après A. **Stevens**. Eau-forte. [fol. 10].

975. *Le Retour à l'étable*, d'après **Troyon**. Eau-forte.
[Ad. 182. fol. 9].

K

KOEPPING (KARL).

976. *Le Matin*, d'après Jules **Breton** (1883). Eau-forte.
[Ad. 177. fol. 11].

977. *Frou-Frou*, d'après G. **Clairin** (1882). Eau-forte. [fol. 12].

978. *The Cottage Door (La porte du cottage)*, d'après Th. **Gainsborough** (Collection du duc de Westminster). Eau-forte.
[fol. 13].

979. *The Market Cart (La charrette du marché)*, par Th. **Gainsborough** (National Gallery). Eau-forte. [fol. 14].

980. *Repas des officiers des archers de Saint-Georges*, d'après Franz **Hals** (Musée municipal de Haarlem). Eau-forte : « épreuve d'essai, dernier état ». [Ad. 182. fol. 10].

981. *Le Christ au Calvaire*, d'après **Munkacsy**. Eau-forte : « épreuve d'essai tirée le 27 mai 1887, pour Ch. Sedelmeyer, Paris ». [fol. 11].

982. *Intérieur d'atelier*, d'après **Munkacsy** (1876). Eau-forte.
[Ad. 177. fol. 15].

983. *Le Mont-de-Piété*, d'après **Munkacsy**. Eau-forte.
[Ad. 177. fol. 16].

984. *Les Rôdeurs de nuit*, d'après **Munkacsy** (1873). Eau-forte;
6ᵉ état. [fol. 17].

985. *Portrait d'un homme avec un hausse-col et une toque, la main étendue*, d'après **Rembrandt** (1641). (Collection Adolphe Thième, à San Remo). Eau-forte. [fol. 18].

986. *Saskia à sa toilette*, d'après le tableau de **Rembrandt**, faisant partie de la Collection A. Bredius, à La Haye, et prêté par celui-ci à la galerie royale de cette ville (nᵒ 552 du Catalogue). Eau-forte. [Ad. 166. fol. 1].

987. *Les Syndics des Drapiers*, d'après **Rembrandt**. Eau-forte, « épreuve d'essai tirée, le Juin 1887, pour Ch. Sedelmeyer, Paris ». [Ad. 182. fol. 12].

988. *Vieillard à barbe blanche, tenant un livre dans la main droite*, d'après **Rembrandt** (1654), (Galerie royale de peinture de Dresde). Eau-forte (1889) ; 19ᵐ état. [fol. 13].

KRATKÉ (CHARLES-LOUIS).

989. [*Trois chiens mangeant*], d'après **Kratké** (1892). Eau-forte. [Ad. 166. fol. 2].

990. *Waiting (L'Attente)*, d'après **Kratké**. Eau-forte originale (1891). [fol. 3].

991. *Le Chant de l'alouette*, d'après Jules **Breton** (1884). Eau-forte. [Ad. 177. fol. 19].

992. *La Fin de la journée*, d'après Jules **Breton** (Courrières, 1865). Eau-forte. [fol. 20].

993. *Cribleuse de colza*, d'après Jules **Breton** (1886). Eau-forte. [fol. 21].

994. *Ronde de nymphes*, d'après **Corot** (Musée du Louvre). Eau-forte. [Ad. 182. fol. 14].

995. *Idylle*, d'après Charles **Jacque**. Eau-forte. [Ad. 177. fol. 22].

996. *La Baratteuse*, d'après **Millet**. Eau-forte. [fol. 23].

997. *La Mare*, d'après Th. **Rousseau**. Eau-forte. [fol. 24].

998. *Le Pêcheur*, d'après Th. **Rousseau**. Eau-forte. [fol. 25].

L

LABELLE (Alphonse).

999. *Paysage*, d'après **Ruysdaël**. Eau-forte. [Ad. 177. fol. 26].

LAGUILLERMIE (Frédéric-Auguste).

1000. *Portrait de M. Mirabaud d'Aiguevive*, d'après **Laguillermie**. Eau-forte (1891). [Ad. 166. fol. 4].

1001. *Portrait de M. Jules Grévy, président de la République française*, d'après **Bonnat** (1880). Eau-forte (1881). [Ad. 177. fol. 27].

1002. *La Fête des grands-parents*, d'après **Brozik** (1881). Eauforte (1882). [fol. 28].

1003. *Portrait de Béatrix de Cusance, princesse de Cantecroix, femme de Charles IV, duc de Lorraine*, d'après van **Dyck** (Windsor). Eau-forte (1882). [Ad. 182. fol. 15].

1004. *Portrait de Marie-Louise de Tassis*, d'après van **Dyck** (Galerie Liechtenstein, à Vienne). Eau-forte (1898). [fol. 16].

1005. *Her Royal Highness the Princess of Wales*, d'après Luke **Fildes**. Eau-forte. [Ad. 177. fol. 29].

1006. *Miss Hatchett*, d'après **Gainsborough**. Eau-forte. [fol. 30].

1007. *Musidora se baignant*, d'après **Gainsborough**. Eau-forte. [fol. 31].

1008. *La Cruche cassée*, d'après **Greuze**. Eau-forte. [fol. 32].

1009. *L'Homme à l'épée. Portrait du seigneur van Heythuijsen, tiré de la galerie de S. A. S. le Prince Jean de Liechtenstein à Vienne*, d'après Franz **Hals**. Eau-forte. [Ad. 182. fol. 17].

1010. *La Vierge au baiser*, d'après **Hébert** (1886). Eau-forte. [Ad. 177. fol. 33].

1011. *Portrait de la jeune princesse de Metternich*, d'après **Lawrence**. Eau-forte. [fol. 34].

1012. *Étude : Un général à cheval, figurant dans le « Solférino »* de **Meissonier** (1861). Eau-forte. [Ad. 166. fol. 5].

1013. *Napoléon III et son État-Major*, d'après **Meissonier** (1861). Eau-forte.   [Ad. 177. fol. 35].

1014. *Clarissa*, d'après **Millais** (1887). Eau-forte.   [fol. 36].

1015. *Le Thé*, d'après **Millais** (1889). Eau-forte (1891).
                    [Ad. 182. fol. 18].

1016. *Avant la fête du Papa*, d'après **Munkacsy**. Eau-forte (1882).   [Ad. 177. fol. 37].

1017. *Les Deux familles*, d'après **Munkacsy** (1880). Eau-forte (1881).   [fol. 38].

1018. *Challenge*, d'après J. **Pettie**. Eau-forte.   [fol. 39].

1019. *La Belle du Titien* (duchesse d'Urbin, ou fille de Palma Vecchio), d'après **Titien** (Galerie Pitti à Florence). Eau-forte (1892).   [Ad. 182. fol. 19].

1020. *Reddition de la ville de Bréda*, d'après **Velazquez**. Eau-forte (1873).   [fol. 20].

1021. *Gulliver enchaîné par les Lilliputiens*, d'après J.-C. **Vibert**. Eau-forte (1877).   [Ad. 177. fol. 40].

1022. *Madame Vigée-Lebrun et sa fille*, d'après Madame **Vigée-Lebrun**. Eau-forte.   [fol. 41].

1023-1034. Eaux-fortes, d'après **Laguillermie**, pour l'illustration de : *Romans de Voltaire...* ; Paris, librairie des Bibliophiles, 1878 ; 3 vol. in-16. [Ad. 166. du fol. 6 au fol. 17].
   1. *Voltaire.*
   2. *La Coupe* (Zadig. Chap. V).
   3. *Astarté* (Zadig. Chap. XVIII).
   4. *La Séparation* (Candide. Chap. I).
   5. *L'Assassinat* (Candide. Chap. IX).
   6. *La Reconnaissance* (Candide. Chap. XXIX).
   7. *La Séparation* (L'ingénu. Chap. VI).
   8. *La Réunion* (L'ingénu. Chap. XVIII).
   9. *Le Triomphe* (La Princesse de Babylone. Chap. I).
   10. *La Trahison* (La Princesse de Babylone. Chap. X).
   11. *Lettres d'Amabed* (Ve Lettre).
   12. *Nabuchodonosor* (Le Taureau blanc. Chap. IV).

1035-1040. Eaux-fortes, d'après **Laguillermie**, pour l'illustration de : *B. de Saint-Pierre, Paul et Virginie, précédé d'une étude par S. Cambray ;* Paris, librairie des Bibliophiles, 1878 ; vol in-16.   [du fol. 18 au fol. 23].
   1. *Bernardin de Saint-Pierre.*
   2. *Enfance de Paul et Virginie.*
   3. *La Rencontre de Domingue.*

LAGUILLERMIE (*suite*).

 4. *Le Portrait de saint Paul* (a).
 5. *Les Apprêts du départ.*
 6. *Le Portrait de saint Paul* (b).

1041-1049. Eaux-fortes, d'après **Laguillermie**, pour l'illustration de : *La Vie de Benvenuto Cellini, écrite par lui-
  même : traduction Léopold Leclanché :* Paris, Quantin,
  1881 ; vol. in-8°. |Ad. 166. du fol. 24 au fol. 32|.
  1. *Benvenuto Cellini.*
  2. *Je portai mon lys à madonna Porgia.*
  3. *La malade ne ressentait aucune douleur.*
  4. *Je soulevai discrètement la portière.*
  5. *La vision prit la forme d'une madone.*
  6. *Il alla tomber sur sa Majesté.*
  7. *Je la forçai de poser pendant des heures.*
  8. *Elle voulut que j'attachasse de ma main....*
  9. *Je livrai ma statue aux regards du public.*

1050. Eau-forte, d'après **Bida**, pour l'illustration de : *Le Livre de
  Ruth* ; Paris, Hachette, 1876 ; in-fol. [fol. 33|.
  *Booz lui dit : Étendez le manteau que vous avez sur vous, et tenez-le
  bien des deux mains. Ruth l'ayant étendu, et le tenant, il lui
  mesura six boisseaux d'orge et les mit dedans.*

1051. Eau-forte, d'après **Bida**, pour l'illustration de : *L'Histoire
  de Joseph ;* Paris, Hachette, 1878, in-fol. [fol. 34|.
  Après avoir achevé de donner des ordres, il mourut.

LALANNE (Maxime).

1052. *Souvenir d'un port — Trouville (Calvados),* d'après
  Maxime **Lalanne** (1876). Eau-forte (1881).
          [Ad. 177. fol. 42|.
1053. *Mantes-la-Jolie,* d'après **Corot**. Eau-forte. |fol. 43|.
1054. *Souvenir d'Italie,* d'après **Corot**. Eau-forte. |fol. 44|.
1055. *Clair de lune,* d'après **Daubigny** (1875). Eau-forte.
          [fol. 45|.
1056. *Coucher de soleil,* d'après **Daubigny** (1874). Eau-forte.
          [fol. 46|.
1057. *Le Matin,* d'après Jules **Dupré**. Eau-forte. [fol. 47|.

LALAUZE (Adolphe).

1058. *Une Histoire d'amour,* d'après **Dicksée**. Eau-forte.
          |Ad. 178. fol. 1|.

1059. *Le Baiser de la mer*, d'après Hamilton **Mac-Allun (1886)**. Eau-forte. [**Ad. 178**. fol. 2].

1060. *La Partie de cartes*, d'après **Meissonier (1861)**. Eau-forte. [fol. 3].

1061. *Pastorale*, d'après **Pater**. Eau-forte. [fol. 4].

1062. *Portrait de Madame de Pompadour*, d'après Maurice **Quentin de Latour**. Eau-forte. [**Ad. 182**. fol. 21].

1063. *Le Nouveau-né*, d'après J.-G. **Vibert**. Eau-forte. Remarque: *Profil de l'imprimeur Ardail*, par **Lalauze**. [**Ad. 178**. fol. 5].

1064. *Jeune bûcheronne*, d'après **Woodford**. Eau-forte. [fol. 6].

1065-1101. Eaux-fortes, d'après Ad. **Lalauze**, pour l'illustration de : *Les Œuvres de Molière*; Edimbourg, Paterson; in-4°. [**Ad. 166**. du fol. 35 au fol. 71].

  1. *Portrait de Molière*.
  2. *L'Etourdi*.
  3. *Le Dépit amoureux*.
  4. *Les Précieuses Ridicules*.
  5. *Sganarelle*.
  6. *Don Garcie de Navarre*.
  7. *L'Ecole des maris*.
  8. *Les Fâcheux*.
  9. *L'Ecole des Femmes*.
 10. *La Critique de l'Ecole des Femmes*.
 11. *L'Impromptu de Versailles*.
 12. *Le Mariage forcé*.
 13. *La Princesse d'Elide*.
 14. *Don Juan*.
 15. *L'Amour médecin*.
 16. *Le Misanthrope*.
 17. *Le Médecin malgré lui*.
 18. *Mélicerte*.
 19. *La Pastorale comique*.
 20. *Le Sicilien, ou l'amour peintre*.
 21. *Le Tartuffe*.
 22. *Amphitrion*.
 23. *George Dandin*.
 24. *L'Avare*.
 25. *Monsieur de Pourceaugnac*.
 26. *Les Amants magnifiques*.
 27. *Le Bourgeois Gentilhomme*.
 28. *Psyché*.
 29. *Les Fourberies de Scapin*.

LALAUZE (*suite*).

    30. *La Comtesse d'Escarbagnas.*
    31. *La Comtesse d'Escarbagnas.* Planche inédite.
    32. *Les Femmes savantes.*
    33. *Les Femmes savantes.* Planche inédite.
    34. *Le Malade imaginaire.*
    35. *Le Malade imaginaire.* Planche inédite.
    36. *La Jalousie du Barbouillé.*
    37. *Le Médecin volant.*

1102-1110. Eaux-fortes, d'après **Lalauze**, pour l'illustration de : *Les Quatre voyages du capitaine Lemuel Gulliver; traduction de l'abbé Desfontaines; revue... par H. Reynald...*; Paris, Librairie des Bibliophiles, 1875 ; 3 vol. in-16. [Ad. 167. du fol. 1 au fol. 9].

    1. *Jonathan Swift.*
    2. *Le Saut du bâton à la cour de Lilliput.*
    3. *La Cour de Lilliput assiste à la prise de la flotte de Blefuscu par Gulliver.*
    4. *Gulliver porté à la ville par Glumdalclitch.*
    5. *Gulliver chez les filles d'honneur de la cour de Lorbruldrud.*
    6. *Les Moniteurs de la conversation à Laputa.*
    7. *Évocations dans l'île de Glubbdubdrib.*
    8. *Les Deux Houyhnhnors se consultent au sujet de Gulliver.*
    9. *Gulliver au bain et la femme Jahou.*

1111-1112. Eaux-fortes, d'après **Lalauze**, pour l'illustration de : *Jules Janin; œuvres diverses publiées sous la direction de M. de la Fizelière;* Paris, Librairie des Bibliophiles, 1876-1877 ; 2 vol. in-16. [fol. 10].

    Le Cabinet de travail de Jules Janin; 2 états.

1113-1124. Eaux-fortes, d'après **Lalauze**, pour l'illustration de : *Les Contes de Ch. Perrault, précédés d'une préface par P. L. Jacob, Bibliophile, et suivis de la dissertation sur les contes de fées par le baron Walckenaër;* Paris, Librairie des Bibliophiles, 1876 ; 2 vol. in-16. [du fol. 11 au fol. 22].

    1. *Ch. Perrault.*
    2. *Grisélidis.*
    3. *Peau d'âne.*
    4. *Les Souhaits ridicules.*
    5. *La Belle au bois dormant.*
    6. *Barbe-Bleue.*
    7. *Le Petit Chaperon rouge.*
    8. *Riquet à la houppe.*
    9. *Les Fées.*

10. *Le Chat botté.*
11. *Cendrillon.*
12. *Le Petit Poucet.*

1125-1134. Eaux-fortes, d'après **Lalauze,** pour l'illustration de :
*Bernardin de Saint-Pierre, Paul et Virginie, avec une
introduction, par Alexandre Piedagnel ;* Paris, Liseux,
1879 ; in-16.   [**Ad.** 167. du fol. 23 au fol. 29].
1. *Frontispice.*
2-5. *2 Vignettes ; 2 états.*
6. *L'Orage.*
7. *Le Retour.*
8. *Le Bain.*
9. *Les Adieux.*
10. *Le Naufrage.*

1135-1137. Eaux-fortes, d'après **Lalauze,** pour l'illustration de :
*L'Abbé Prévost, Manon Lescaut, Préface de M. de
Lescure.... ;* Paris, Quantin, 1879 ; vol. in-8.
       [du fol. 30 au fol. 32].
1. *L'abbé Prévost.*
2. *[L'Arrivée du coche d'Arras].*
3. *[... Demeurant à genoux près de la chaise d'où je m'étais levé,
elle me regardait en tremblant et sans oser respirer].*

1138-1180. Eaux-fortes, d'après **Lalauze,** pour l'illustration de :
*Physiologie du Goût, de Brillat Savarin, avec une
préface, par Ch. Monselet ;* Paris, Jouaust, 1879 ; 2 vol.
in-16.   [du fol. 33 au fol. 84].
1. *Jean-Anthelme Brillat Savarin.*
2. *Méditation première. Des Sens.*
3. *Méditation II. Du Goût.*
4. *Méditation II (cul-de-lampe).*
5. *Méditation III. De la Gastronomie.*
6. *Méditation III (cul-de-lampe).*
7. *Méditation IV. De l'Appétit.*
8. *Méditation IV (cul-de-lampe).*
9. *Méditation V. Des Alimens en général.*
10. *Méditation V (cul-de-lampe).*
11. *Méditation VI. Spécialités.*
12. *Méditation VI (cul-de-lampe).*
13. *Méditation VII. Théorie de la friture.*
14. *Méditation VIII. De la Soif.*
15. *Méditation VIII (cul-de-lampe).*
16. *Méditation IX. Des Boissons.*
17. *Méditation X et épisodique sur la fin du monde.*
18. *Méditation X (cul-de-lampe).*
19. *Méditation XI. De la Gourmandise.*
20. *Méditation XI (cul-de-lampe).*

LALAUZE (*suite*).

21. *Méditation XII. Des Gourmands.*
22. *Méditation XIII. Eprouvettes gastronomiques.*
23. *Méditation XIII* (cul-de-lampe).
24. *Méditation XIV. Du Plaisir de la table.*
25. *Méditation XIV* (cul-de-lampe).
26. *Méditation XV. Des Haltes de chasse.*
27. *Méditation XV* (cul-de-lampe).
28. *Méditation XVI. De la Digestion.*
29. *Méditation XVII. Du Repos.*
30. *Méditation XVIII. Du Sommeil.*
31. *Méditation XVIII* (cul-de-lampe).
32. *Méditation XIX. Des Rêves. Physiol.*
33. *Méditation XIX* (cul-de-lampe).
34. *Méditation XX. De l'Influence de la diète sur le repos, le sommeil et les songes.*
35. *Méditation XXI. De l'Obésité.*
36. *Méditation XXI* (cul-de-lampe).
37. *Méditation XXII. Traitement préservatif ou curatif de l'obésité.*
38. *Méditation XXII* (cul-de-lampe).
39. *Méditation XXII. De la Maigreur.*
40. *Méditation XXIII* (cul-de-lampe).
41. *Méditation XXIV. Du Jeûne.*
42. *Méditation XXIV* (cul-de-lampe).
43. *Méditation XXV. De l'Epuisement.*
44. *Méditation XXVI. De la Mort.*
45. *Méditation XXVII. Histoire philosophique de la cuisine.*
46. *Méditation XXVII* (cul-de-lampe).
47. *Méditation XXVIII. Des Restaurateurs.*
48. *Méditation XXVIII* (cul-de-lampe).
49. *Méditation XXIX. La Gourmandise classique mise en action.*
50. *Méditation XXX. Bouquet.*
51. *L'Omelette du curé.*
52. Cul-de-lampe.

1190. Eau-forte, d'après **Lalauze**, pour l'illustration de : *Le Filleul de la mort, fabliau lorrain mis en vers par Louis de Ronchaud :* Paris, Librairie des Bibliophiles, 1880 ; vol. in-16.   [Ad. 168. fol. 1].
Frontispice.

1191-1201. Eaux-fortes, d'après **Lalauze**, pour l'illustration de : *Goethe, Faust, Première Partie, Préface et traduction de H. Blaze de Bury ;* Paris, Quantin, 1880 ; in-4°.
[du fol. 2 au fol. 12].

1. *Jean-Wolfgang Goethe, 1749-1832.*
2. *Frise de la Préface.*
3. *Cabinet de Faust.*

4. *La Nuit.*
5. *La Sensation.*
6. *Chez la sorcière.*
7. *La Rencontre.*
8. *Dans le jardin.*
9. *Mort de Valentin.*
10. *Le Sabbat.*
11. *Dans la prison.*

1202. Eau-forte, d'après **Lalauze**, pour l'illustration de : *De Voisenon, Anecdotes littéraires, publiées par le Bibliophile Jacob*; Paris, Librairie des Bibliophiles, 1880; vol. in-16. [Ad. 168. fol. 13].
Voisenon lisant ses anecdotes chez Mme Favart.

1203-1209. Eaux-fortes, d'après **Lalauze**, pour l'illustration de : *Œuvres de Millevoye, édition publiée par P. S. Jacob......*; Paris, Quantin, 1880; 3 vol. in-8°. [du fol. 14 au fol. 20].

1. *Portrait de Millevoye.*
2. *Le Déjeuner.*
3. *La Chute des feuilles.*
4. *L'Amour maternel.*
5. *L'Arbre d'amour.*
6. *Protésilas devant Pluton et Proserpine.*
7. *Les Traits de l'amour.*

1210-1218. Eaux-fortes, d'après **Lalauze**, pour l'illustration de : *A. R. Le Sage. Le Diable boiteux, avec une préface, par H. Reynald....*; Paris, librairie des Bibliophiles, 1880; 2 vol. in-16. [du fol. 21 au fol. 29].

1. *A.-R. Lesage.*
2. *Apparition d'Asmodée* (Diable boiteux. Chap. I).
3. *Jeune mari et vieil amant* (Diable boiteux. Chap. IV).
4. *Dispute chez Thomasa* (Diable boiteux. Chap. VI).
5. *Don Garcie déguisé chez Zenubio* (Diable boiteux. Chap. IX).
6. *L'Incendie* (Diable boiteux. Chap. XI).
7. *Zarate reconnaît Théodora* (Diable boiteux. Chap. XV).
8. *Fabricio attaqué par Don Thomas* (Diable boiteux. Chap. XIX).
9. *Cléophas présenté à Séraphine* (Diable boiteux. Chap. XXI).

1219-1222. Eaux-fortes, d'après **Lalauze**, pour l'illustration de : *Jules Claretie, Un Enlèvement au XVIIIe siècle*; Paris, Dentu, 1882; vol. in-16 carré. [du fol. 30 au fol 33].

1. *Frontispice.*
2. *Frise : Une Visite à l'Hôtel Soubise.*
3. *Frise : Un Enlèvement au XVIIIe siècle.*
4. *Vignette.*

LALAUZE (*suite*).

1223-1230. Eaux - fortes, d'après **Bida**, pour l'illustration de :
Les Œuvres d'Alfred de Musset ; Paris. Petite Bibliothèque Charpentier, 1874 et 1876 ; in-32.

[Ad. 168. du fol. 34 au fol. 41].

1. *Namouna.*
2. *Les Nuits.*
3. *Les Caprices de Marianne :* acte I, scène V.
4. *Il ne faut jurer rien.*
5. *Carmosine ;* acte III, scène I.
6. *Le Fils du Titien.*
7. *Mimi Pinson.*
8. *Confession d'un Enfant du siècle ;* 1ʳᵉ partie, chapitre V.

1231. Eau-forte, d'après **Bida**, pour l'illustration de : *Le Livre de
Ruth ;* Paris, Hachette, 1878 ; in-fol.   [fol. 42].
Elle s'assit donc au côté des moissonneurs.

1232. Eau-forte, d'après **Bida**, pour l'illustration de : *L'Histoire
de Joseph ;* Paris, Hachette, 1878 ; in-fol.   [fol. 43].
Joseph introduisit ensuite son père devant le roi.

LAMOTTE (ALPHONSE).

1233. *Bonaparte au St-Bernard,* d'après Edouard **Detaille**
(1899). Eau-forte.   [Ad. 178. fol. 7].

1234. *Napoléon Iᵉʳ et son Etat-Major,* d'après **Meissonier**
(1868). Eau-forte.   [fol. 8].

1235. *Diana,* d'après **Nattier** (Collection de M. Gaston Menier).
Burin.   [fol. 9].

LANÇON (AUGUSTE).

1236. *Trappistes au labour,* d'après A. **Lançon**. Eau-forte.
   [fol. 10].

1237. *Plateau de Châtillon,* février 1871. Eau-forte, d'après
A. **Lançon**.   [Ad. 168. fol. 44].

1238. *Combat de cerfs* (1861), d'après **Courbet**. Eau-forte.
   [Ad. 178. fol. 11].

LE COUTEUX (LIONEL).

1239. *Moutons,* d'après Rosa **Bonheur** (1870). Eau-forte (1892).
   [Ad. 182. fol. 22].

1240. *Taureaux d'Auvergne,* d'après Rosa **Bonheur** (1891).
Eau-forte (1891).   [fol. 23].

1241. *Le Goûter*, d'après Jules **Breton** (Courrières, 1886). Eau-forte. Remarque : *Portrait de Jules Breton*, d'après Jules **Breton**. [Ad. 178. fol. 12].

1242. *Juin*, d'après Jules **Breton** (1892). Eau-forte. |fol. 13|.

1243. *La Récolte du colza*, d'après Jules **Breton** (Courrières, 1860). Eau-forte (1888). |fol. 14|.

1244. *Matin*, d'après Jules **Breton** (1886). Eau-forte. [fol. 15|.

1245. *Fin d'Été*, d'après Raphaël **Collin** (1888). Eau-forte (1891). [fol. 16|.

1246. *L'Age de pierre*, d'après F. **Cormon** (1883). Eau-forte pour la chalcographie du Louvre (1888). [Ad. 182. fol. 24|.

1247. *Gaulois à cheval*, d'après **Cormon**. Eau-forte. [Ad. 168. fol. 45|.

1248. *Le Soir, danse de nymphes*, d'après **Corot**. Eau-forte. [Ad. 178. fol. 17|.

1249. *La Barque de Don Juan* (Musée du Louvre), d'après Eugène **Delacroix** (1840). Eau-forte. [Ad. 182. fol. 25|.

1250. *Au Pâturage*, d'après Julien **Dupré** (1882). Eau-forte. [Ad. 178. fol. 18|.

1251. *The Countes of Oxford*, d'après van **Dyck** (1638). Eau-forte. |fol. 19|.

1252. *Chasse au faucon*, d'après Eug. **Fromentin**. Eau-forte. |fol. 20|.

1253. *Bohémienne*, d'après Franz **Hals**. Eau-forte (1878). |fol. 21|.

1254. *Portrait de M. de Beeresteyne, aetatis suae 40*, d'après Franz **Hals** (1529) ; (Musée du Louvre). Eau-forte. |fol. 22|.

1255. *La Rentrée au port*, d'après G. **Haquette**. Eau-forte. |fol. 23|.

1256. *Frédégonde et Chilpéric au tombeau de Saint-Martin*, d'après **Maignan** (1880). Eau-forte. [Ad. 168. fol. 46].

1257. *Fidèle, chien de berger*, d'après Em. van **Marcke**. Eau-forte ; avant-dernier état. [Ad. 178. fol. 24|.

LE COUTEUX (*suite*).

1258. *Herbage à Soreng*, d'après van **Marcke**. Eau-forte.
[Ad. 178. fol. 25].

1259. *Phann, chien de chasse*, d'après van **Marcke**. Eau-forte
(épreuve d'essai). [fol. 26].

1260. *Les Botteleurs*, d'après **Millet**. Eau-forte ; avant-dernier
état. [fol. 27].

1261. *Fileuse*, d'après **Millet**. Eau-forte. [fol. 28].

1262. *Laitière normande*, d'après **Millet**. Eau-forte. [fol. 29].

1263. *Le Départ pour la fantasia*, d'après Henri **Regnault**
(Tanger, 1870). Eau-forte (1881). [fol. 30].

1264. *Le Général Prim*, d'après **Regnault** (Madrid, 1868) Eau-
forte. [fol. 31].

1265. *Propos galants*, d'après **Roybet** (1893). Eau-forte.
[Ad. 168. fol. 47].

1266. *Portrait de Marie de Médicis*, d'après **Rubens**. Eau-
forte. [Ad. 178. fol. 32].

1267. *L'Embarquement pour Cythère*, d'après **Watteau**. Eau-
forte (1898). [fol. 33].

1268. Eau-forte, d'après **Bida**, pour l'illustration de : *L'Histoire
d'Esther* ; Paris, Hachette, 1882 ; in-fol.
[Ad. 168. fol. 48].
Elle fit ensuite cette prière au Seigneur, le Dieu d'Israël.

LEFORT (Henri).

1269. *Portrait de Washington*, d'après Lefort (1881). Eau-
forte (1881). [Ad. 182. fol. 26].

1270. *Portrait de Gambetta*, d'après **Lefort** (1889). Eau-forte
(1889) (Chalcographie). [fol. 27].

1271. *Portrait de Christophe Colomb*, d'après **Lefort**. Eau-
forte (1891). Remarques : *Portraits du roi Ferdinand V
et de la reine Isabelle la Catholique.*
[Ad. 178. fol. 34].

1272. *La Sieste*, d'après Gustave **Courbet** (1868). Eau-forte
(1890). [fol. 35].

1273. *Mensonge*, d'après Henri **Martin**. Eau-forte (1892).
[Ad. 168. fol. 49].

1274. *Portrait du Comte de la Rochefoucauld*, d'après **Aimé Morot**. Eau-forte.   [**Ad**. 168. fol. 50].

1275. *Pasiphaé*, d'après **Roll**. Eau-forte.   [fol. 51].

1276. *L'Automne*, d'après Alfred **Stevens** (1882). Eau-forte (juillet 1883).   [**Ad**. 178. fol. 36].

1277. *Farewell*, d'après Alfred **Stevens** (1884). Eau-forte (juillet 1887).   [fol. 37].

1278. *Le Printemps*, d'après Alfred **Stevens** (1882). Eau-forte.
                                      [fol. 38].

1279. *First grief*, d'après Ed. **Tofano**. Eau-forte (1884-1885).
                                      [fol. 39].

1280. Eau-forte, d'après **Bida**, pour l'illustration de : *L'Histoire de Tobie ;* Paris, Hachette, 1880 ; in-fol.
                                      [**Ad**. 168. fol. 52].
Alors le père et la mère, prenant leur fille, la baisèrent et la laissèrent aller.

LEGÉNISEL (Gabriel-Hubert-Alexandre).

1281. *Portrait d'Alfred de Musset* en 1841, d'après Eugène Lami. Pointe sèche (1874).   [fol. 53].

LEMAIRE (J.-C.).

1282-1286. Eaux-fortes pour l'illustration de : *Les Contes de La Fontaine ;* Paris, Lemerre, 1876 ; vol. in-8⁰.
                                      [du fol. 54 au fol. 58].
1. *Le Paysan qui avoit offensé son seigneur*, d'après **Fragonard**.
2. *Le Gascon puny*, d'après **Lancret**.
3. *La Matrone d'Éphèse*, d'après **Fragonard**.
4. *La Clochette*, d'après P. **Le Mesle**.
5. *Le Glouton*, d'après **Pater**.

1287-1288. Eaux-fortes, d'après **Gravelot**, pour l'illustration de : *Œuvres de J. Racine ;* Paris, Lemerre, 1877 ; vol. in-8°.   [fol. 59 et 60].
1. *Esther.*
2. *Athalie.*

LE NAIN (Louis).

1289. *Portrait de Dom Carlos Ier, roi de Portugal*, d'après Louis **Le Nain** (1899).   [**Ad**. 178. fol. 40].

1290. *Portrait de Michelet*, d'après **Le Nain**. Eau-forte. [fol. 41].

LE NAIN (*suite*).

1291. *Industria,* d'après A. **Bourlard** (1896). Eau-forte.
[Ad. 178. fol. 42].

1292. *Un Berger embrassant une bergère,* ou *le croc en jambe,*
d'après **Rubens** (Pinacothèque de Munich, et Musée de
l'Ermitage, à St-Pétersbourg). Eau-forte.
[**Ad. 182. fol. 28**].

1293. *Castor et Pollux enlevant les filles de Leucippe, Hilaire
et Phébé,* d'après **Rubens.** Eau-forte. [fol. 29].

1294. *Hélène Fourmant à la pelisse* (Galerie Impériale de
Vienne), d'après **Rubens.** Eau-forte, terminée au burin.
[**Ad. 178. fol. 43**].

1295. *Vierge et saints (chapelle mortuaire de Rubens),* d'après
Rubens. Eau-forte. [Ad. 182. fol. 30].

1296. *La Famille de Corneille de Vos,* d'après Corneille de **Vos.**
Burin. [fol. 31].

1297. *Le Pape Paul III devant le portrait de Luther,* d'après
Albrecht de **Vriendt** (1883). Eau-forte.
[Ad. 178. fol. 44].

LE RAT (Paul).

1298. *Portrait de jeune femme dans un médaillon.* Eau-forte.
[Ad. 169. fol. 1].

1299. *Portrait du duc de Normandie, 1ᵉʳ fils de Louis XVI.*
Eau-forte. [fol. 2].

1300. *Portrait de Pierre Bourlier, baron d'Ailly, 1794-1879.*
Eau-forte, d'après **Le Rat,** pour le département des
médailles et antiques de la Bibliothèque nationale.
[fol. 3].

1301. *Portrait de J. H., vicomte de Janzé.* Eau-forte (1877),
d'après **Le Rat,** pour le département des médailles et
antiques de la Bibliothèque nationale. [fol. 4].

1302. *Portrait de Honoré T. P. J. d'Albert, duc de Luynes,
1802-1867,* d'après **Le Rat.** Eau-forte (1881), pour le
département des médailles et antiques de la Bibliothèque
nationale. [fol. 5].

1303. *Portrait d'Alexandre Pillon, helléniste, ancien conserva-
teur-adjoint de la Bibliothèque nationale......, 1792-
1876.* Eau-forte, d'après **Le Rat.** [fol. 6].

1304. *Portrait de Jules-Antoine Taschereau, administrateur-général de la Bibliothèque nationale.* Eau-forte, d'après **Le Rat.**   [Ad. 169. fol. 7].

1305. *Le Doge Loredano,* d'après Giovanni **Bellini.** Eau-forte.
                              [Ad. 178. fol. 45].

1306. *L'Étude,* d'après **Fragonard.** Eau-forte. [Ad. 169. fol. 8].

1307. *L'Homme à la fenêtre,* d'après **Meissonier** (1857). Eau-forte.   [fol. 9].

1308. *Les Joueurs de cartes,* d'après **Meissonier** (1860). Eau-forte.   [fol. 10].

1309. *Le Philosophe,* d'après **Meissonier** (1872). Eau-forte.
                              [fol. 11].

1310. *L'Importun,* d'après J.-G. **Vibert** (1869). Eau-forte.
                              [Ad. 178. fol. 46].

1311. *Scène de camp,* d'après **Wouvermann.** Eau-forte.
                              fol. 12].

1312. Eau-forte, d'après **Bida,** pour l'illustration de : *Le Livre de Ruth ;* Paris, Hachette, 1876, in-fol.   [fol. 13].
       Ruth dit à Booz : D'où me vient ce bonheur que j'ai trouvé grâce devant vos yeux.

1313. Eau-forte, d'après **Bida,** pour l'illustration de : *L'Histoire de Joseph ;* Paris, Hachette, 1878 ; in-fol.   [fol. 14].
       L'intendant trouva la coupe dans le sac de Benjamin.

1314. Eau-forte, d'après **Bida,** pour l'illustration de : *L'Histoire de Tobie ;* Paris, Hachette, 1880 ; in-fol.   [fol. 15].
       Il arriva donc qu'ayant reçu un jour un chevreau, elle l'apporta à la maison.

1315-1318. Eaux-fortes, d'après **Boucher,** pour l'illustration de : *Les Œuvres de Molière, avec notes et variantes, par Alphonse Pauly ;* Paris, Lemerre ; 8 vol. in-32.
                              [du fol. 16 au fol. 19].
       1. *Le Dépit Amoureux.*
       2. *Don Juan.*
       3. *Le Misanthrope.*
       4. *L'Avare.*

1319-1327. Eaux-fortes, d'après **Fromentin,** pour l'illustration de : *Eugène Fromentin : Sahara et Sahel ;* Paris, Plon, 1887 ; vol. grand in-8°.   [du fol. 20 au fol. 28].
       1. *Le Lever du jour au campement,* d'après le tableau appartenant à Mme de Cassin.

LE RAT (*suite*).

    2. *La Prière du matin au désert,* d'après le tableau appartenant à Mme Maracci, à Cologny, près Genève.

    3. *Tribu en marche traversant un gué,* d'après le tableau appartenant à M. Isaac Péreire.

    4. *Le Pays de la soif,* d'après le tableau appartenant à M. Edouard Kums, consul honoraire, à Anvers.

    5. *Cavaliers arabes en observation dans la montagne,* d'après le tableau appartenant à M. Perreau.

    6. *Le Simoun,* d'après le tableau appartenant à M. H. Brame.

    7. *La Chasse au héron,* d'après le tableau appartenant à S. A. R. Mgr le duc d'Aumale.

    8. *Une Fantasia,* d'après le tableau appartenant à M. Perreau.

    9. [*Vue de ville algérienne avec un palmier*].

1328-1331. Eaux-fortes pour l'illustration de : *Bibliothèque musicale du théâtre de l'Opéra....., par Théodore de Lajarte ;* Paris, librairie des Bibliophiles, 1878 ; 2 vol. in-8°.　　　　[Ad. 169. du fol. 29 au fol. 32].

    1. *Ch. Glück,* d'après **J. Duplessis** et **C. Miger.**

    2. *G. Spontini,* d'après **Jean Guérin** et **Aubry Lecomte.**

    3. *Rossini.*

    4. *Meyerbeer.*

1332. Eau-forte, d'après **H. Rigault,** pour l'illustration de : *Les Contes de la Fontaine ;* Paris, Lemerre, 1876 ; in-8°.　　　　　[fol. 33].

    Portrait de La Fontaine.

LHERMITTE (Léon).

1333. *Intérieur de St-Maclou,* d'après Léon **Lhermitte** (1887). Eau-forte.　　　　　[Ad. 178. fol. 47].

LOS RIOS (Ricardo de).

1334-1347. Eaux-fortes, d'après R. de **Los Rios,** pour l'illustration de : *Alain-René Le Sage, Histoire de Gil Blas de Santillane, précédée d'une préface par H. Reynald ;* Paris, librairie des Bibliophiles, 1879 ; 2 vol. in-16.　　　[Ad. 169. du fol. 34 au fol. 46].

    1. *A. R. Le Sage.*

    2-3. *Débuts de Gil Blas ;* Livre I, chap. VIII ; 2 états.

    4. *Gil Blas retrouve Camille ;* Liv. II. chap. IV.

    5. *Gil Blas en bonne fortune ;* Liv. III, chap. V.

    6. *Gil Blas et les faux Ermites ;* Liv. IV, chap. XI.

    7. *Gil Blas délivre les prisonniers ;* Liv. V. chap. II.

    8. *Gil Blas chez le Juif Simon ;* Liv. VI. chap. I.

9. *Gil Blas dans le foyer de la comédie ;* Liv. VII, chap. VIII.
10. *Gil Blas présenté au roi par le duc de Lerme ;* Liv. VIII, chap. V.
11. *Arrestation de Gil Blas ;* Liv. IX, chap. III.
12. *Gil Blas amoureux d'Antonia ;* Liv. X, chap. VIII.
13. *Gil Blas recommandé à Olivarès ;* Liv. XI, chap. II.
14. *Gil Blas rentre dans son château ;* Liv. XII, chap. XIII.

LOUVEAU (Marie).

1348. *Un Importun,* d'après Philippe **Rousseau** (1850). Eau-
forte. [Ad. 169. fol. 47].

LURAT (Abel).

1349. *Boutique au Caire,* d'après Louis **Mouchot** (1875). Eau-
forte. [fol. 48].

M

MANCHON (Gaston-Albert).

1350. *Chasseur à cheval,* d'après **Géricault.** Eau-forte (1893).
[Ad. 178. fol. 48].

MANESSE (Henri).

1351. *Portrait de Mme de Becresteyne,* d'après Franz **Hals**
(Musée du Louvre). Eau-forte (1887). [fol. 49].

MARE (Tiburce de).

1352. *Avalanche,* d'après **Schenck.** Eau-forte.
[Ad. 169. fol. 49].
1353. *Angoisse,* d'après **Schenck.** Eau-forte. [fol. 50].

MARTIN (Henri-Louis).

1354. *Dans la Ferme,* d'après Julien **Dupré.** Eau-forte (1889).
[Ad. 178. fol. 50].

MARTINEZ-VALDIVIESO (Nicolas).

1355. *Portrait de François Coppée,* d'après **Boilvin.** Eau-forte.
[Ad. 169. fol. 51].
1356. *Buste colossal en bronze de Cosme Ier de Médicis,* par
Benvenuto **Cellini.** Eau-forte. [fol. 52].

MARTINEZ-VALDIVIESO (*suite*).

1357. *Un Prétexte,* d'après J.-G. **Vibert** (1875). Eau-forte.

[**Ad.** 178, fol. 51].

1358-1362. Eaux-fortes, d'après **Boucher,** pour l'illustration
de: *Les Œuvres de Molière, avec notes et variantes, par
Alphonse Pauly;* Paris, Lemerre; 8 vol. in-32.

[**Ad.** 169. du fol. 53 au fol. 57].

1. *Dom Garcie de Navarre.*
2. *L'Ecole des Femmes.*
3. *L'Amour médecin.*
4. *Prologue de Psiché.*
5. *Psiché.*

1363. Eau-forte, d'après **Fragonard,** pour l'illustration de : *Les
Contes de la Fontaine;* Paris, Lemerre, 1876; in-8°.

[fol. 58].

On ne s'avise jamais de tout.

1364-1366. Eaux-fortes pour l'illustration de : *Œuvres de J.
Racine;* Paris, Lemerre, 1877; vol. in-8°.

[du fol. 59 au fol. 61].

1. *Racine,* d'après **Santerre.**
2. *Phèdre,* d'après **Gravelot.**
3. *Iphigénie,* d'après **Gravelot.**

MASSALOFF (Nicolas).

1367. *Bacchus assis sur un tonneau,* d'après **Rubens.** Eau-
forte.   [**Ad.** 178. fol. 52].

MASSARD (Léopold).

1368. *M. Thiers, président de la République française,*
d'après **Massard.** Burin et eau-forte.   [fol. 53].

1369. *Jeune Fille,* d'après **Greuze.** Eau-forte et burin.

[fol. 54].

1370. *Le Maréchal de Mac-Mahon, président de la République
française,* d'après **Princeteau.** Burin.   [fol. 55].

1371-1380. Eaux-fortes, d'après **Bida,** pour l'illustration de : *Les
Saints Evangiles;* Paris, Hachette, 1873; 2 vol. in-fol.

[**Ad.** 169. du fol. 62 au fol. 71].

1. *Baptême du Christ.*
2. *La Transfiguration.*
3. *Les Scribes et les Pharisiens.*
4. *Parabole du Semeur.*

5. Madeleine aux pieds de Jésus.
6-7. Nicodème va trouver Jésus ; 2 planches.
8. La Résurrection de Lazare.
9. La Femme adultère (planche inédite).
10. Jésus marchant sur les eaux (planche inédite).

1381. Eau-forte, d'après **Boucher**, pour l'illustration de : *Les Œuvres de Molière, avec notes et variantes, par Alphonse Pauly ;* Paris, Lemerre ; 8 vol. in-32.

[Ad. 169. fol. 72].

Les Précieuses ridicules.

MASSÉ (AUGUSTIN).

1382. *Premier nuage,* d'après **Orchardson**. Eau-forte (1892).

[Ad. 178. fol. 56].

MATHEY-DORET (ARMAND).

1383. *Three are no Company,* d'après Eugène de **Blaas** (1889). Eau-forte. [Ad. 179. fol. 1].

1384. *Rodolphe II chez son alchimiste,* d'après V. **Brozik**. Eau-forte et burin. [fol. 2].

1385. *Fâcheuse aventure,* d'après C. **Delort**. Eau-forte.

[Ad. 182. fol. 32].

1386. *La Galère royale,* d'après C. **Delort**. Eau-forte.

[fol. 33].

1387. *Les Enfants de Charles Ier,* d'après van **Dyck**. Eau-forte.

[Ad. 179. fol. 3].

1388. *Mariage mystique de sainte Catherine,* d'après van **Dyck**. Eau-forte et burin. [fol. 4].

1389. *Philip, lord Wharton,* d'après van **Dyck** (Musée de l'Ermitage). Eau-forte. Remarque : *Portrait de van Dyck.* [fol. 5].

1390. *Portrait de Charles Ier,* d'après van **Dyck** (Musée du Louvre). Eau-forte. [fol. 6].

1391. *Portrait de Giovanna Tornabuoni,* d'après **Ghirlandajo** (1488). Eau-forte et burin (1897). Remarque : *Portrait de Ghirlandajo.* [fol. 7].

1392. *Portrait de jeune femme,* d'après Hans **Holbein** (Musée de La Haye). Eau-forte et burin. Remarque : *La Joconde.*

[fol. 8].

MATHEY-DORET (*suite*).

1393. *La Visite de Milton chez Galilée, à Arcetri, près Florence,
en 1640,* d'après Tito **Lessi** (1893). Eau-forte et burin.
[Ad. 179. fol. 9].

1394. *Le Dernier jour d'un condamné,* d'après **Munkacsy**
(1870). Eau-forte (1883). [fol. 10].

1395. *Le Héros du village (Hongrie),* d'après **Munkacsy** (Paris,
1875). Eau-forte. [fol. 11].

1396. *Tête du Christ,* tirée du tableau de **Munkacsy** : *Le Christ
devant Pilate.* Eau-forte. [Ad. 169. fol. 73].

1397. *Tête du Christ,* d'après **Munkacsy.** Eau-forte.
[Ad. 179. fol. 12].

1398. *La Leçon de viole,* d'après Gaspard **Netscher.** Eau-forte et
burin. [fol. 13].

1399. *Portrait de Pierre-Paul Rubens,* d'après **Rubens.** Eau-
forte. [fol. 14].

1400. *Le Chien au canard,* d'après **Troyon** (1860). Eau-forte.
[fol. 15].

MEISSONIER (ERNEST).

1401-1402. *L'Aigle impérial,* d'après **Meissonier.** Eau-forte :
2 états, dont le 1er. [Ad. 170. fol. 1].

1403. *Les Apprêts du duel,* ou *l'homme à l'épée,* d'après **Meissonier.** Eau-forte en première épreuve avec les essais de
pointe dans les marges (vers 1860). [fol. 2].

1404. *Cadavre de soldat,* d'après le tableau du *Siège de Paris,*
de **Meissonier.** Photogravure, d'après un calque sur
gélatine (papier-glace). [fol. 3].

1405. *Le Cavalier Louis XIII,* d'après **Meissonier.** Eau-forte.
[fol. 4].

1406. *Le Hussard républicain,* avec *la tête du Maréchal Ney,*
d'après **Meissonier.** Pointe sèche, effacée après 5 ou 6
épreuves. [fol. 5].

1407. *Le Modèle,* d'après **Meissonier.** Eau-forte. [fol. 6].

1408. *Les Pêcheurs à la ligne,* d'après **Meissonier.** Eau-forte.
[fol. 7].

1409. *La Promenade à Saint-Germain,* d'après **Meissonier,**
Croquis à la pointe sèche. [fol. 8].

1410. *Récit du siège de Berg-op-Zoom*, d'après **Meissonier**, avec
les croquis et le masque de l'artiste. Eau-forte.
[**Ad.** 170. fol. 9].

1411-1412. *Les Reitres*, d'après **Meissonier**. Eau-forte ; 2 états.
[fol. 10 et 11].

1413. *Le Sergent rapporteur*, d'après **Meissonier**. Planche
publiée dans la *Gazette des Beaux-Arts* du 1er mai 1872.
Eau-forte.   [fol. 12].

1414. *Il Signor Annibale* (Le bravache de l'*Aventurière* d'Émile
Augier), d'après **Meissonier**. Eau-forte ; 1er état (vers
1860).   [fol. 13].

1415-1416. *Les Amateurs*, d'après **Meissonier**. Remarque pour
le *Postillon devant une auberge*, de **Monziès**. Eau-
forte ; 2 états, dont le 1er.   [fol. 14].

1417-1418. *Bacchus*, d'après **Meissonier**. Remarque pour le
Peintre d'Enseignes, de Jules **Jacquet**; 2 états, dont le
1er. Eau-forte.   [fol. 15].

1419-1420. *Les Deux hussards républicains*, d'après **Meissonier**. Eau-forte ; 2 états. Remarque pour la *Partie
de Piquet*, de **Boulard**.   [fol. 16].

1421. *Meissonier à cheval*, d'après **Meissonier**. Premier projet
de remarque pour la *Rixe* de **Bracquemond**. Planche
effacée.   [fol. 17].

1422-1423. *Meissonier à cheval*, d'après **Meissonier**. Remarque
définitive pour *la Rixe* de **Bracquemond**; 2 états
dont le 1er. Eau-forte (1885).   [fol. 18].

1424. *Le Sergent*, d'après **Meissonier**. Remarque pour le
Portrait du sergent, de Jules **Jacquet**. Eau-forte (1887).
[fol. 19].

Voy. **BRACQUEMOND** (Félix): *Partie perdue*. La
remarque est de **Meissonier**. [**Ad.** 173. fol. 36 et 37].

Voy. **BOULARD** (Auguste) : *La Partie de piquet*. Eau-
forte. La remarque est de **Meissonier**. [**Ad.** 173. fol. 27].

Voy. **JACQUET** (Achille): *Le Peintre d'enseignes*. La
remarque est de **Meissonier**.   [**Ad.** 176. fol. 36].

Voy. **JACQUET** (Jules): *Le Portrait du sergent*. La
remarque est de **Meissonier**.   [**Ad.** 176. fol. 49].

Voy. **JACQUET** (Jules), *1807*. La remarque est de **Meissonier**.   [**Ad.** 182. fol. 5].

MIGNON (Abel).

1425. *Spring (Printemps)*, d'après **Burne-Jones** (commencé en 1868). Eau-forte. [Ad. 179. fol. 16].

1426. *Un Maréchal-ferrant*, d'après **Meissonier** (1861). Eau-forte. [fol. 17].

1427. *1814*, d'après **Meissonier** (1863). Eau-forte. Remarque : *Cavalier*, par Edouard **Detaille** (1893). [fol. 18].

MILIUS (F.).

1428. *Portrait*, d'après **Donvé**. Eau-forte. [Ad. 170. fol. 20].

1429. *La Becquée*, d'après **Millet**. Eau-forte. Remarque : *Portrait de Millet*. [Ad. 179. fol. 19].

1430. Eau-forte, d'après **Bida**, pour l'illustration de : *L'Histoire de Joseph* ; Paris, Hachette, 1878 ; in-fol. [Ad. 170. fol. 21].
Putiphar l'acheta des Ismaélites qui l'avoient amené.

1431-1432. Eaux-fortes, d'après **Bida**, pour l'illustration de : *L'Histoire de Tobie* ; Paris, Hachette, 1880 ; in-fol. [fol. 22 et 23].
1. *Mon fils, écoutez les paroles de ma bouche.*
2. *Alors le vieux Tobie, ouvrant la bouche, bénit le Seigneur.*

1433. Eaux-fortes, d'après **Bida**, pour l'illustration de : *L'Histoire d'Esther* ; Paris, Hachette, 1882 ; in-fol. [fol. 24].
Assuérus consulta les sages qui étoient toujours près de sa personne.

1434. Eau-forte, d'après **Boucher**, pour l'illustration de : *Les Œuvres de Molière, avec notes et variantes, par Alphonse Pauly* ; Paris, Lemerre ; 8 vol. in-32. [fol. 25].
George Dandin.

MONGIN (Augustin).

1435. *Elba*, d'après A.-C. **Cow** (1894). Eau-forte. [Ad. 179. fol. 20].

1436. *Le Postillon*, d'après **Meissonier**. Eau-forte. [fol. 21].

1437. *Une Chanson*, d'après **Meissonier**. Eau-forte. [fol. 22].

1438. *North-West Passage*, d'après **Millais**. Eau-forte (1881). [Ad. 170. fol. 26].

1439. *La Sarabande*, d'après **Roybet** (1895). Eau-forte. [fol. 27].

1440. *L'Attente*, d'après **Stevens**. Eau-forte. [**Ad.** 170. fol. 28].

1441. *The Old Story (La Vieille histoire)*, d'après P. **Tarraut.**
Eau-forte. [**Ad.** 179. fol. 23].

1442. *Partie inégale*, d'après J.-G. **Vibert** (1874). Eau-forte
(dernière épreuve d'état, l'une des dix). [fol. 24].

1443. *Le Repos du peintre*, d'après J.-G. **Vibert**. Eau-forte.
[fol. 25].

1444. *Le Toréador*, d'après J.-G. **Vibert** (1869). Eau-forte.
[fol. 26].

1445 Eau-forte, d'après **Bida**, pour l'illustration de : *L'Histoire
d'Esther* ; Paris, Hachette, 1882 ; in-fol.
[**Ad.** 170. fol. 29].
*Mardochée, juif de nation, devint la seconde personne dans l'empire
du roi Assuérus.*

1446-1448. Eaux-fortes, d'après **Boucher**, pour l'illustration de :
*Les Œuvres de Molière, avec notes et variantes, par
Alphonse Pauly* ; Paris, Lemerre ; 8 vol. in-32.
[du fol. 30 au fol 32].
1. *Sganarelle.*
2. *Le Médecin malgré lui.*
3. *Mélicerte.*

1449. Eau-forte pour l'illustration de : *Les Contes de La Fontaine* ;
Paris, Lemerre, 1876 ; in-8°. [fol. 33].
Le Faucon, d'après **Fragonard.**

MONZIÈS (Louis).

1450. *Mrs Siddons*, d'après **Gainsborough**. Eau-forte.
[**Ad.** 179. fol. 27].

1451. *Postillon devant une auberge*, d'après **Meissonier** (1889).
Eau-forte. [fol. 28].

1452. *Une Lecture chez Diderot*, d'après **Meissonier**. Eau-forte.
[fol. 29].

1453. *Coquelin dans les « Précieuses »*, d'après J.-G. **Vibert**
(1870). Eau-forte (1875). [fol. 30].

1454. *Marchand de pastèques*, d'après J.-G. **Vibert** (1876). Eau-
forte (1876). [fol. 31].

1455. *La Famille de Cornélis de Vos*, d'après Cornélis de **Vos**
(Musée de Bruxelles). Eau-forte. [fol. 32].

MONZIÈS (*suite*).

1456-1468. Eaux-fortes pour l'illustration de : *Les Contes de La Fontaine* ; Paris, Lemerre, 1876 ; in-8°.

[Ad. 170. du fol. 34 au fol. 46].

1. *Joconde*, d'après **Fragonard**.
2. *Le Savetier*, d'après **Fragonard**.
3. *La Servante justifiée*, d'après **Lancret**.
4. *A Femme avare, galant escroc*, d'après **Fragonard**.
5. *Pasté d'anguille*, d'après **Fragonard**.
6. *Les Deux amis*, d'après **Lancret**.
7. *Le Baiser rendu*, d'après **Pater**.
8. *Les Oyes de frère Philippe*, d'après **Lancret**.
9. *La Courtisane amoureuse*, d'après **Boucher**.
10. *Nicaise*, d'après **Lancret**.
11. *Le Cas de conscience*, d'après **Eisen**.
12. *Le Bast*, d'après **Vleughels**.
13. *Le Fleuve Scamandre*, d'après **Boucher**.

1469. Eau-forte, d'après **Bida**, pour l'illustration de : *L'Histoire de Joseph ;* Paris, Hachette, 1878 ; in-fol.   [fol. 47].
Son corps, ayant été embaumé, fut mis dans un cercueil en Egypte.

1470. Eau-forte, d'après **Bida**, pour l'illustration de : *L'Histoire de Tobie ;* Paris, Hachette, 1880 ; in-fol.   [fol. 48].
Le Père de Tobie, tout aveugle qu'il était, se leva, et, donnant la main à un serviteur, il alla au-devant de son fils.

1471-1478. Eaux-fortes, d'après **Gravelot**, pour l'illustration de : *Œuvres de J. Racine ;* Paris, Lemerre, 1877 ; vol. in-8°.

[du fol. 49 au fol. 56].

1. *Les Frères ennemis.*
2. *Alexandre.*
3. *Andromaque.*
4. *Les Plaideurs.*
5. *Britannicus.*
6. *Bérénice.*
7. *Bajazet.*
8. *Mithridate.*

1479-1500. Eaux-fortes pour l'illustration de : *Les Romans de Voltaire.* Paris, Lemerre, 1878 ; vol. in-8°.

[du fol. 57 au fol. 78].

1-2. *Voltaire.*
3. *Frontispice*, d'après **Monnet**.
4. *Zadig*, Pl. I, d'après **Monnet**.
5. *Zadig*, Pl. II, d'après **Monnet**.
6. *Zadig*, Pl. III, d'après **Monnet**.
7. *Zadig*, Pl. IV, d'après **Monnet**.

8. *Memnon*, d'après J.-M. **Moreau**.
9. *Micromégas*. d'après **Monnet**.
10. *Candide*, Pl. I, d'après **Monnet**.
11. *Candide*. Pl. II, d'après **Monnet**.
12. *Candide*, Pl. III, d'après **Monnet**.
13. *Candide*, Pl. IV, d'après **Monnet**.
14. *Candide*, Pl. V, d'après **Monnet**.
15. *Jeannot et Colin*, d'après C.-P. **Marillier**.
16. *Le Huron*, Pl. I, d'après **Monnet**.
17. *Le Huron*, Pl. II, d'après **Monnet**.
18. *Le Huron*, Pl. III, d'après **Monnet**.
19. *L'Homme aux quarante écus*, Pl. I. d'après C.-P. **Marillier**.
20. *L'Homme aux quarante écus*, Pl. II, d'après C.-P. **Marillier**.
21. *La Princesse de Babylone*, d'après **Monnet**.
22. *Jenni*, d'après **Monnet**.

1501-1543. Eaux-fortes, d'après Henri **Pille**, pour l'illustration de : *Les Œuvres complètes d'Alfred de Musset;* Paris, Lemerre, 1878 ; 10 vol. in-12.

[**Ad.** 171. du fol. 1 au fol. 43].

1. *Portrait de Musset*, d'après le buste de **Mezzara**.
2. *Frontispice*.
3. *Venise*.
4. *Mardoche*.
5. *La Coupe et les lèvres*.
6. *Namouna*.
7. *Une Bonne fortune*.
8. *Simone*.
9. *Sur trois marches de marbre rose*.
10. *La Nuit vénitienne*.
11. *André del Sarto*.
12. *Les Caprices de Marianne*.
13. *Fantasio*.
14. *Le Fils du Titien*.
15. *Margot*.
16. *Croizilles*.
17. *Histoire d'un merle blanc*.
18. *Pierre et Camille*.
19. *Le Secret de Javotte*.
20. *Mimi Pinson*.
21. *La Chanson de Mimi Pinson*.
22. *La Mouche*.
23. *Charles-Quint à Saint-Just*.
24. *Un Souper chez Rachel*.
25. *La Servante du Roi*.
26. *On ne badine pas avec l'amour*.
27. *La Chanson de Barberine*.
28. *La Quenouille de Barberine*.

MONZIÈS (*suite*).

29. *Lorenzaccio.*
30. *Le chandelier.*
31. *Il ne faut jurer de rien.*
32. *Un Caprice.*
33. *Il faut qu'une porte soit ouverte ou fermée.*
34. *Louison.*
35. *On ne saurait penser à tout.*
36. *Carmosine.*
37. *Bettine.*
38. *Confession d'un enfant du siecle.*
39. *Confession d'un enfant du siècle.*
40. *Confession d'un enfant du siècle.*
41. *Emmeline.*
42. *Les Deux maitresses.*
43. *Frédéric et Bernerette.*

1544-1575. Eaux-fortes, d'après Henri **Pille**, pour l'illustration de : *Histoire de Gil-Blas de Santillane, avec notice et notes par A. Poulet-Malassis;* Paris, Lemerre, 4 vol. in-12.   [**Ad.** 171. du fol. 44 au fol. 59.].

    1-2. *Portrait de Lesage.* 2 épreuves, en sanguine et en noir, ainsi que pour les suivantes.
    3-4. *Je joignis le père et lui demandai sa bourse.*
    5-6. *Nous y rencontrâmes un homme de 27 à 28 ans.*
    7-8. *Vous ne vous trompez pas, ma mie.*
    9-10. *J'aperçus les pieds d'un homme caché derrière une tapisserie.*
    11-12. *Quelles nouvelles apportez-vous de la ville ?*
    13-14. *J'arrivai dans la place où la vente s'en faisait.*
    15-16. *M. l'Inquisiteur tira son cadenas.*
    17-18. *Je lui fis voir l'écriture de Garcias.*
    19-20. *Je remerciai par une révérence.*
    21-22. *Nous allâmes nous asseoir sous les arbres.*
    23-24. *Il revint accompagné de six auteurs.*
    25-26. *Nous attachâmes nos chevaux.*
    27-28. *Mon fermier vint à mon lever.*
    29-30. *J'allai chez le roi.*
    31-32. *Il s'échappa dans un méchant carrosse.*

MOUILLERON (Adolphe).

1576-1580. Eaux-fortes, d'après **Bida**, pour l'illustration de : *Les Saints Évangiles;* Paris, Hachette ; 2 vol. in-fol.   [du fol. 60 au fol. 64].

    1. *Le Denier de César.*
    2. *Jésus apparaît aux saintes femmes.*
    3. *Le Bon Samaritain.*
    4. *Le Baiser de Judas.*
    5. *Les Serviteurs des princes des prêtres.*

N

NANTEUIL (Célestin).

1581-1590. Eaux-fortes, d'après **Bida**, pour l'illustration de :
  Les Saints Evangiles ; Paris, Hachette, 1873 ; 2 vol.
  in-fol. [Ad. 171. du fol. 65 au fol. 74].
   1. *Jésus et un enfant.*
   2. *Jésus conduit un aveugle.*
   3. *La Visitation.*
   4. *L'Homme à la main sèche.*
   5. *Le Fils de la veuve de Naïm.*
   6. *Guérison d'une femme âgée.*
   7. *Le Mauvais riche.*
   8. *Les Disciples d'Emmaüs.*
   9. *Le Paralytique à la piscine.*
   10. *L'Aveugle de naissance.*

P

PATRICOT (Jean).

1591. *Mrs Hibbert,* d'après **Gainsborough**. Burin.
  [Ad. 179. fol. 33].

1592. *Hébé,* d'après **Nattier** (Musée de Stockolm). Burin.
  [fol. 34].

PÉLICIER (Georges).

1593. *Portrait de Rembrandt, coiffé d'un béret,* d'après
  Rembrandt (1640). Eau-forte (1894).
  [Ad. 182. fol. 34].

PIGUET.

1594. *Mlle Lenormand d'Etioles,* d'après **Perronneau**. Eau-
  forte. [Ad. 179. fol. 35].

POYNOT (Gabrielle).

1595. *Auprès de la mare,* d'après E. **Debat-Ponsan**. Eau-
  forte. [fol. 36].

1596. *Paysannerie,* d'après **Debat-Ponsan** (1888). Eau-forte
  (1888). [fol. 37].

1597. *Le Soir,* d'après Ridgway **Knight**. Eau-forte. [fol. 38].

POYNOT (*suite*).

1598. *Paysanne se rendant au travail*, d'après Charles **Sprague Pearce** (Auvers-sur-Oise). Eau-forte. [Ad. 179. fol. 39].

1599. *Rêverie*, d'après A. **Stevens**. Eau-forte.   [fol. 40].

R

RAJON (PAUL).

1600. *Portrait de Barbey d'Aurevilly*, d'après **Rajon**, avec marge de **Buhot** (*I Promessi Sposi*, pour: *Une Vieille maîtresse*. Cf. **Buhot**). Eau-forte. [Ad. 172. fol. 1].

1601. *L'Empereur Claude*, d'après **Alma Tadema**. Eau-forte. [fol. 2].

1602. *Le Retour des enfants du fermier*, d'après Jules **Breton**. Eau-forte (1887). [Ad. 179. fol. 41].

1603. *Histoire de revenant*, d'après **Chalmers**. Eau-forte. [fol. 42].

1604. *Portrait de Madame Récamier*, d'après **David**. Eau-forte. [Ad. 172. fol. 3].

1605. *Le Muezzin*, d'après **Gérôme**. Eau-forte (L'estampe présente, en tête, une déchirure produite, en 1871, par l'explosion d'une bombe au domicile de l'imprimeur). [fol. 4].

1606-1607. *Rêverie*, d'après G. **Jacquet**. Eau-forte; 2 états. [fol. 5 et 6].

1608. *Le Buveur*, d'après Seymour **Lucas**. Eau-forte. [Ad. 179. fol. 43].

1609. *Portrait de Charles Meissonier en costume Louis XIII*, d'après **Meissonier** (1862). Eau-forte. [Ad. 172. fol. 7].

1610. *Portrait de Meissonier*, d'après **Meissonier**, dédié à Chenavard (1881). Eau-forte. [fol. 8].

1611. *Le Cardinal Newman*, d'après **Ouless**. Eau-forte. [Ad. 179. fol. 44].

1612. *Portrait de William Sale*, d'après **Ouless**. Eau-forte. [Ad. 172. fol. 9].

1613. *Portrait du violoniste Joseph Joachim*, d'après **Watts**. Eau-forte. [fol. 10].

1614. *Portrait du Révérend James Martineau*, d'après **Watts.** Eau-forte. [Ad. 172. fol. 11].

1615. *Portrait de John Stuart Mill*, d'après **Watts.** Eau-forte. [fol. 12].

1616. *Portrait de W. Spottiswoode*, d'après **Watts.** Eau-forte [fol. 13].

1617. *Amour platonique*, d'après **Zamacoïs.** Eau-forte. [fol. 14].

1618-1619. Eaux-fortes, d'après **Boucher,** pour l'illustration de : *Les Œuvres de Molière, avec notes et variantes, par Alphonse Pauly ;* Paris, Lemerre ; 8 vol. in-32. [fol. 15 et 16].
1. *Prologue d'Amphitrion.*
2. *Les Fourberies de Scapin.*

1620-1626. Eaux-fortes, d'après L. **Flameng** et **Worms,** pour l'illustration de : *Comte de Chevigné, les Contes Rémois, 12ᵉ édition, précédée de La muse Champenoise, par Louis Lacour... ;* Paris, librairie des bibliophiles, 1877 ; vol. in-16. [du fol. 17 au fol. 23].
1. *Le Comte de Chevigné*, d'après L. **Flameng.**
2. *Les Cinq layettes*, d'après **Worms.**
3. *Le Perroquet*, d'après **Worms.**
4. *Le Mari borgne*, d'après **Worms.**
5. *De par le roi*, d'après **Worms.**
6. *Le Nouveau Joconde*, d'après **Worms.**
7. *La Quinzaine*, d'après **Worms.**

RAMUS (Edmond).

1627. *La Naissance de Henri IV*, d'après Eugène **Deveria.** Eau-forte. [fol. 24].

1628. *Convoi d'un enfant en Finlande*, d'après **Edelfeldt.** Eau-forte. [Ad. 179. fol. 45].

RENOUARD (Paul).

1629. *Aïda :* Premier acte, d'après **Renouard.** Pointe sèche. [fol. 46].

1630. *Gambetta sur son lit de mort (Ville d'Avray, 1ᵉʳ Janvier 83)*, d'après **Renouard.** Eau-forte. [Ad. 172. fol. 25].

1631-1632. Eaux-fortes et aquatintes tirées de : *Le Nouvel Opéra,* par Paul **Renouard** ; Paris, Rouam, 1881 ; in-fol. [fol. 26 et 27].
1. *Pas de trois par des fillettes.*
2. *L'Orchestre : La Batterie.*

ROPS (Félicien).

1633. Eau-forte, d'après **Rops**, pour l'illustration de : *Œuvres, d'Alfred de Musset* ; Paris, Lemerre, 1878 ; 10 vol. in-12.
[Ad. 172. fol. 28].
Frontispice pour les œuvres (1876).

ROSENTHAL (Albert).

1634. *The Lawn Tennis Club*, d'après F.-A. **Bridgmann**. Eau-forte (1891). [Ad. 182. fol. 35].

ROUSSELLE (H.).

1635-1637. Eaux-fortes pour l'illustration de : *Les Contes de la Fontaine* ; Paris, Lemerre, 1876 ; in-8°.
[Ad. 172. du fol. 29 au fol. 31].
1. *L'Anneau d'Hans Carvel*, d'après **Lorrain**.
2. *L'Hermite*, d'après **Vleughels**.
3. *Les Aveux indiscrets*, d'après **Pater**.

RUET (Louis).

1638. *La Marguerite*, d'après Louis **Leloir** (1879). Eau-forte.
[fol. 32].

1639. *Partie perdue*, d'après **Meissonier** (1862). Eau-forte (1890). [fol. 33].

S

SALMON (C.).

1640. *L'Anniversaire*, d'après L.-Émile **Adan**. Eau-forte.
[Ad. 179. fol. 47].

1641. *Cerf sous bois*, d'après Rosa **Bonheur** (1886). Eau-forte.
[fol. 48].

1642. *La Réprimande*, d'après J.-G. **Vibert**. Eau-forte.
[fol. 49].

1643. Eau-forte, d'après **Bida**, pour l'illustration de : *L'Histoire d'Esther* ; Paris, Hachette, 1882 ; in-fol.
[Ad. 172. fol. 34].
Et le roi, commandant qu'on reprît son anneau qu'Aman avait eu, le donna à Mardochée.

SULPIS (Emile).

1644. *The Mill* (Le Moulin), d'après Edward **Burne-Jones** (1870). Burin. [Ad. 179. fol. 50].

1645. *Le Couronnement de Napoléon Ier*, d'après **David**. Burin. [fol. 51].

T

TISSOT (James).

1646. *L'Automne*, ou *Octobre*, d'après **Tissot**. Pointe sèche (1883). [Ad. 172. fol. 35].

1647. *Berthe*, d'après **Tissot**. Eau-forte (1883). [fol. 36].

TOUSSAINT (Henri).

1648. *La Rue des Nations; Exposition universelle de 1878*, d'après H. **Toussaint**. Eau-forte (1878). [fol. 37].

1649. *La Valse*, d'après Victor **Gilbert**. Eau-forte pour l'*Album de la Société des Arts* (1891). [fol. 38].

1650. *La Cité et le Pont-Neuf*, d'après H. **Zuber** (1888). Eau-forte. [Ad. 179. fol. 52].

1651. *La Place de la Concorde*, d'après H. **Zuber** (1888). Eau-forte. [fol. 53].

U

UNGER (Wilhelm).

1652. *Wallenstein, duc de Friedland*, d'après le tableau attribué à van **Dyck** (Galerie Lichtenstein, à Vienne). Eau-forte. [fol. 54].

1653. *Portrait de Rembrandt coiffé d'une toque ornée de plumes*, d'après **Rembrandt** (1635). (Galerie Lichtenstein, à Vienne). Eau-forte. [fol. 55].

V

VALMON (Léonie).

1654. *Aux Bords de l'Oise*, d'après **Daubigny**. Remarque : *Portrait de Daubigny*. Eau-forte. [Ad. 180. fol. 1].

VALMON *(suite).*

1655. *Kilchurn Castle,* d'après Keeley **Halswell.** Eau-forte.
[Ad. 180. fol. 2].

1656. *The monarch,* d'après **Mac Whirter.** Eau-forte. [fol. 3].

1657. *Le Lac,* d'après **Neuber.** Eau-forte. [fol. 4].

1658. *Waning of the Year (Le déclin de l'année),* d'après E. **Parton.** Eau-forte. [fol. 5].

1659. *Les Pêcheurs,* d'après **Sadée.** Eau-forte. [fol. 6].

1660. *Le Fort de Tilbury,* d'après **Sheffield.** Eau-forte. [fol. 7].

1661. *Abingdon,* d'après **Vicat-Cole.** Eau-forte.
[Ad. 182. fol. 36].

1662. *On the Arun,* d'après **Vicat-Cole.** Eau-forte.
[Ad. 180. fol. 8].

1663. *Windsor-Castle,* d'après **Vicat-Cole.** Eau-forte.
[Ad. 182. fol. 37].

1664. *Dordrecht,* d'après **Webb.** Eau-forte (1886).
[Ad. 180. fol. 9].

VEYRASSAT (J.).

1665-1684. Eaux-fortes, d'après **Bida,** pour l'illustration de: *Les Saints Évangiles...*; Paris, Hachette, 1873; 2 vol. in-fol. [Ad. 172. du fol. 39 au fol. 58].

    1. *Les Rois Mages.*
    2. *La Prière.*
    3. *Le Centenier.*
    4-5. *Décollation de saint Jean.* 2 planches, dont un essai inédit.
    6. *Jésus et saint Pierre sur les eaux.*
    7. *Le Figuier maudit.*
    8. *Repentir de Pierre.*
    9. *Hérodiade et la tête de saint Jean.*
    10. *Jésus et ses disciples sur la route de Césarée.*
    11. *Le Denier de la veuve.*
    12. *Jésus chez Marthe et Marie.*
    13. *Jésus apparaît aux disciples.*
    14. *Voilà l'agneau de Dieu.*
    15. *Jésus lave les pieds des disciples.*
        Attribuées à J. Veyrassat:
    16. *Jésus ressuscite une jeune fille.*
    17. *Saint-Thomas.*
    18. *Jésus en croix.*
    19. *Le Centurion.*
    20. *Jésus institue Pierre chef des apôtres.*

VION (Henri).

1685. *Le Troupeau*, d'après Rosa **Bonheur**. Eau-forte.
[Ad. 180. fol. 10].

1686. *Harmony*, d'après **Egusquiza**. Eau-forte. [fol. 11].

1687. *La Confidence*, d'après **Meissonier** (1857). Eau-forte.
[fol. 12].

1688. *Une Chanson*, d'après **Meissonier** (1865). Eau-forte (1888).
[fol. 13].

1689. *Les Amateurs*, d'après **Meissonier** (1868). Eau-forte
(1882). [Ad. 172. fol. 59].

W

WALTNER (Charles-Albert).

1690-1691. *Portrait de M. Hovelacque*, d'après **Waltner**. Eau-
forte ; 2 exemplaires.
[fol. 60), et Ad. 180. fol. 14].

1692. *L'Amour et Psyché*, d'après Paul **Baudry** (1884). Eau-
forte. [fol. 15].

1693. *L'Étoile du berger*, d'après Jules **Breton** (1887). Eau-forte.
[fol. 16].

1694. *Les Feux de la St-Jean*, d'après Jules **Breton** (Courrières,
1875). Eau-forte. [Ad. 182. fol. 38].

1695. *Le Rappel des glaneuses (Artois)*, d'après Jules **Breton**
(1854). Eau-forte. [fol. 39].

1696. *A Sibyl (Sybilla Cumana)*, d'après **Burne-Jones**. Eau-
forte (1882). [Ad. 180). fol. 17].

1697-1698. *Le Triomphe de Christophe-Colomb*, d'après Benjamin
Constant (1892). Eau-forte (1893) ; 2 états.
[Ad. 182. fol. 40 et 41].

1699. *La Cène*, d'après **Dagnan-Bouveret**. Eau-forte (1897).
[fol. 42].

1700. *Harmony*, d'après **Dicksée**. Eau-forte (1879).
[Ad. 180. fol. 18].

1701. *Roméo et Juliette*, d'après **Dicksée**. Eau-forte. [fol. 19].

1702. *Comtesse Vandal*, d'après Carolus **Duran** (1878). Eau-
forte. [fol. 20].

WALTNER *(suite)*.

1703. *Portrait de Ryckaërt*, d'après Van **Dyck** (Galerie Lichtenstein, à Vienne). Eau-forte. | **Ad.** 180. fol. 21|.

1704. *Étude*, d'après **Fragonard.** Eau-forte.
|**Ad.** 172. fol. 61|.

1705. *Blue Boy* (l'Enfant bleu), d'après **Gainsborough.** Eau-forte (1880). |**Ad.** 180. fol. 22|.

1706. *Lady Mulgrave*, d'après **Gainsborough.** Eau-forte (1885).
|**Ad.** 172. fol. 62|.

1707. *Miss Graham*, d'après **Gainsborough.** Eau-forte.
|**Ad.** 180. fol. 23|.

1708. *The misses Baillie*, d'après **Gainsborough** (National galery). Eau-forte (1885). [fol. 24].

1709. *Suzanne*, d'après **Goodall.** Eau-forte. |**Ad.** 172. fol. 63|.

1710. *Regina*, d'après **Henner.** Eau-forte (1888).
|**Ad.** 180. fol. 25|.

1711. *Le Chasseur*, d'après **Hermann-Léon** (1877). Eau-forte.
|fol. 26|.

1712. *Les Assiégés*, d'après Frank **Holl.** Eau-forte. |fol. 27|.

1713. *Portrait du général Arthur Cavendish Bentinck*, d'après **Holl.** Eau-forte. |fol. 28|.

1714. *Portrait du graveur Cousins*, d'après Frank **Holl,** 1879. Eau-forte. |fol. 29|.

1715. *Clarissa*, d'après **Hoppner.** Eau-forte. |fol. 30|.

1716. *Le Bénédicité*, d'après W. **Hunt.** Eau-forte.
|**Ad.** 172. fol. 64|.

1717. *Marquise de Béarn (une des victimes de la Terreur)*, d'après **Kokarsky.** Eau-forte. [fol. 65].

1718. *Master Lambton*, d'après **Lawrence.** Eau-forte. Remarque : *Portrait de Lawrence.* |**Ad.** 181. fol. 31|.

1719. *Sarah-Bernhardt*, d'après Bastien **Lepage** (1879). Eau-forte (1896). |fol. 32|.

1720. *The Evening Hymn (Hymne du soir)*, d'après G. **Mason.** Eau-forte. |fol. 33|.

1721. *La Marquise d'Ormondes*, d'après John Everet **Millais.** Eau-forte (1879). [**Ad.** 172. fol. 66|.

1722. *L'Aumône de la veuve*, d'après **Millais**. Eau-forte (1880).
[Ad. 180. fol. 34].

1723. *La Femme du joueur*, d'après **Millais**. Eau-forte (1879).
[fol. 35].

1724. *L'Angelus*, d'après J.-F. **Millet**. Eau-forte. Remarque : *Portrait de Millet*. [Ad. 182. fol. 43].

1725. *L'Angelus*, d'après **Millet**. Eau-forte (1881). Remarque : *Portrait de Waltner*. [Ad. 180. fol. 36].

1726. *Le Christ devant Pilate*, d'après **Munkacsy**. Eau-forte (1882). [Ad. 182. fol. 44].

1727. *La Comtesse de Barck*, d'après H. **Regnault** (Madrid, 1868). Eau-forte (1876). [Ad. 180. fol. 37].

1728. *Salomé*, d'après H. **Regnault**. Eau-forte. [fol. 38].

1729. *Le Doreur*, d'après **Rembrandt**. Eau-forte (une des cinq épreuves avec la remarque). [fol. 39].

1730. *Elizabeth Jacobs Bas*, d'après **Rembrandt** (Ryksmuseum). Eau-forte (1887). [fol. 40].

1731. *Jewish Rabbi*, ou *le vieux Rabbin*, d'après **Rembrandt** (National Gallery). Eau-forte (1883). [fol. 41].

1732. *Machteld van Doorn, femme de Marten Daey*, d'après **Rembrandt** (collection de M. le Baron Gustave de Rothschild). Eau-forte (1884). [fol. 42].

1733. *Marten Daey*, d'après **Rembrandt** (collection de M. le Baron Gustave de Rothschild). Eau-forte (1884). (La lettre de la gravure porte, à tort, *Willem Daey*). [fol. 43].

1734. *Le Philosophe*, d'après **Rembrandt**. Eau-forte. [fol. 44].

1735. *Portrait de Rembrandt*, d'après **Rembrandt** (National Gallery). Eau-forte (1882). [fol. 45].

1736. *Rabbin coiffé d'un large béret*, d'après **Rembrandt** (1642). (Collection de M. Jules Porgès, à Paris). Eau-forte. [fol. 46].

1737. *La Ronde de nuit*, d'après **Rembrandt**. Eau-forte (1886).
[Ad. 182. fol. 45].

1738. *Lady Cambden*, d'après **Reynolds**. Eau-forte.
[Ad. 180. fol. 47].

1739. *Mrs Braddyl*, d'après **Reynolds**. Eau-forte.
[Ad. 172. fol. 67].

WALTNER (*suite*).

1740. *L'Oiseau mort*, d'après Marcus **Stone** (1883). Eau-forte.
[Ad. 180. fol. 48].

1741. *Les Bœufs se rendant au labour* (Musée du Louvre),
d'après **Troyon**. Eau-forte. [**Ad.** 182. fol. 46].

1742. *Entre l'amour et la richesse*, d'après **Vély** (1878). Eau-
[Ad. 180. fol. 49].

1743. *Ioung anglers (Jeunes pêcheurs à la ligne)*, d'après
Walker. Eau-forte. [fol. 50].

1744. *Les Musiciennes*, d'après **Walker** (1886). Eau-forte
(1886). [fol. 51].

1745. *Notre village*, d'après **Walker**. Eau-forte.
[Ad. 172. fol. 68].

1746. *The Wagrants (Les errants)*, d'après **Walker**. Eau-forte.
[Ad. 180. fol. 52].

1747. *The Wayfarers* (Les voyageurs : aveugle conduit par un
enfant), d'après **Walker** (1886). Eau-forte. [fol. 53].

1748-1752. Eaux-fortes, d'après **Bida**, pour l'illustration de : *Le
Livre de Ruth* ; Paris, Hachette, 1876 ; in-fol.
[Ad. 172. du fol. 69 au fol. 73].

1. Frise et initiale majuscule D pour le Chapitre Ier. *Élimélech meurt
au pays des Moabites où il s'était retiré avec sa femme Noémi.
Sa veuve revient à Bethléem avec Ruth, sa belle-fille.*

2. *Un Homme de Bethléem, ville de Juda, s'en alla faire un voyage
au pays des Moabites avec sa femme et ses deux fils.*

3. Frise et initiale majuscule O pour le chapitre II. *Ruth va glaner dans
les champs de Booz, son allié.*

4. Frise et initiale majuscule R pour le Chapitre III. *Ruth va trouver
Booz pour lui demander de la prendre en mariage.*

5. Frise et initiale majuscule B pour le Chapitre IV. *Booz épouse
Ruth. Généalogie de David depuis Pharès.*

1753. Eau-forte, d'après **Bida**, pour l'illustration de : *L'Histoire
de Joseph* ; Paris, Hachette, 1878 ; in-fol. [fol. 74].

*Les Dix frères de Joseph allèrent donc en Égypte pour y acheter
du blé.*

FIN.

INDEX ALPHABÉTIQUE

(Artistes, Illustrations, Portraits, Topographie)

E

F

ILLUSTRATIONS.

PORTRAITS.

TOPOGRAPHIE.

N

ARTISTES.

TABLE

LILLE, IMPRIMERIE L. DANEL.

www.ingramcontent.com/pod-product-compliance
Lightning Source LLC
LaVergne TN
LVHW011445180726
843503LV00004BA/1568